Eine Frau räumt auf

Edith Stork

Eine Frau räumt auf

Ordnung ist mein Weg –
eine Erfolgsgeschichte

Eichborn.

1   2   3   4   05   04   03

© Eichborn AG, Frankfurt am Main, März 2003
Umschlaggestaltung: Christina Hucke
unter Verwendung eines Fotos von Stefan Wildhirt
Gesamtherstellung: Fuldaer Verlagsagentur, Fulda
ISBN 3-8218-3971-6

Verlagsverzeichnis schickt gern:
Eichborn Verlag, Kaiserstraße 66, D-60329 Frankfurt am Main
www.eichborn.de

Inhalt

Vorwort

»Ordnung ist das halbe Leben«, so mahnt einen der im Stil alter Schulhefte gestaltete achteckige ›Aufkleber‹ auf jedem ihrer Druckwerke. »Der Rest ist Suchen«, ergänzt der Volksmund im Unterbewußtsein launisch und beschreibt damit einen wichtigen Teil der Herausforderung der gewählten Profession.

Meine erste Begegnung mit Edith Stork erwartete ich mit Spannung. Als notorischem »Hinterherräumer« mit einem stets gut belegten Schreibtisch, einer über mehrere Jahre aktiven Stapelablage und dem einigermaßen erfolgreich funktionierenden Gefühl, das gesuchte Schriftstück »etwa hier« zu finden, konnten damit ungeahnte Herausforderungen auf mich zukommen. Dies alles nun einer anderen, neuen Ordnung zu opfern, war zumindest eine ungewohnte Vorstellung.

Dabei begleitet einen das Streben nach Ordnung seit den frühen Jugendtagen: Allgegenwärtig sind Aufforderungen wie ›sitz gerade‹ oder ›räum dein Zimmer auf‹, die auch in der modernen Erziehung durchaus ihren Platz finden. Ordnung bildet den Widerpart zu Entdeckungsfreude, Freiheit und Chaos und hat

manchmal etwas Zwanghaftes, etwa beim Schreiben-
lernen, das so gar nicht vom fantasiebegabten Fluß der
Gedanken bestimmt ist, sondern vom In-feste-Form-
Bringen: ›schreib gerade, kleckse nicht, halt den Stift
richtig, drück nicht so fest auf‹. Mag sich dies im spä-
teren Erwachsensein umkehren, so bleibt es doch in
der Nähe zu der Strenge von Begriffen wie Ordnungs-
widrigkeiten, Ordnungsruf, ›Law and Order‹ allgegenwärtig.

Die Spannung zwischen Ordnung und Freiheit,
Struktur und Chaos positiv zu entwickeln ist der Anspruch, mit dem Edith Stork ihr Geschäft betreibt. Sie
sieht sie nicht als unvereinbare Gegensätze, sondern als
zwei widerstreitende Kräfte, die letztlich beide ihren
Beitrag zum Erfolg leisten müssen. Wie die Königin der
Nacht in Mozarts Zauberflöte ihren Gegenspieler Sara-
stro braucht, so gehören Ordnung und Kreativität zusammen. Edith Stork übernimmt die Rolle des suchen-
den und mutig fortschreitenden Tamino, in dem die
verschiedenen Kräfte der Mozartschen Welt verschmel-
zen.

»Eine Frau räumt auf« ist Programm. Viele kluge
Ideen, die sich in Büchern finden, bleiben am Ende
konjunktivistisch auf der Ebene des ›man könnte, sollte, müßte‹ und erreichen nicht wirklich die Ebene der
Umsetzung. Anders bei Edith Stork: Sie lebt ihre Ord-
nungs-Philosophie nicht nur im geschäftlichen Han-

deln, sie hat auch ihr Leben immer wieder ›aufgeräumt‹. Die Autobiographie zeugt davon. Wer mit fünf
Jahren schon »Auf den Flügeln des Gesanges« (Heinrich Heine) schweben möchte und dann wegen Asthma damit aufhören muß, gibt mehr als einen Jugend-
traum auf. Aus der Arbeitslosigkeit ein Unternehmen
zu gründen, vom Kompagnon betrogen zu werden,
Konkurs, Neustart in die Selbständigkeit, dies ent-
spricht nicht dem üblichen deutschen Karrieremodell,
aber es schult die Sinne. Immer wieder hat Edith Stork
etwas neu geordnet, Strukturen gegeben und den Erfolg gefunden. So ist es kein Zufall, daß gerade ihr dies
überzeugend gelingt: Sie kommt nicht herein, sie tritt
auf.

Wenn man anderen Menschen von den mit A-P-
DOK® erzielbaren Zeiteinsparungen erzählt, denken
die Gesprächspartner häufig in gewohnten Mustern:
Sparen heißt abbauen, Personal freisetzen. Nein – Sparen heißt für Edith Stork Zeit zu gewinnen. Zeit, um
die geschäftlich wirklich wichtigen Dinge zu tun, und
Zeit zum Leben! Effizienz für Effektivität. Sie sieht das
Glas halb voll und ist bereit, es nach getaner Arbeit in
vollen Zügen zu genießen.

Sie ist Pionierunternehmerin im besten Sinne des
Bildes »schöpferischer Zerstörung« (Alois Schumpe-
ter). Wer Ordnung will, muß Unordnung überwinden
– aber, und hier unterscheidet sie sich von anderen An-

sätzen, nicht nachträglich, im Sortieren und Zuordnen, sondern vorab, indem eine neue Ordnung etabliert wird: A-P-DOK®. Der Kern ihres Werkes ist so die Vermittlung einer Denkweise, die den Umgang mit dem Ordnungsproblem umkehrt. Man kann ihn wohl am besten mit der Übertragung einer Weisheit treffen, die der bekannte griechische Reeder Aristoteles Onassis einmal formuliert hat:

»Dem Geld darf man nicht nachlaufen. Man muß ihm entgegengehen.«

Dies scheint für nachhaltig erfolgreiche Ordnung gleichermaßen zu gelten. Allen Lesern dieses Buches wünsche ich eine spannende Lektüre, die zugleich ungenutzte Potentiale eröffnet und sie in Höhen und Tiefen am Leben einer interessanten Unternehmerin teilhaben läßt.

Prof. Dr. Matthias Eickhoff
Geschäftsführender Leiter des Instituts für
Unternehmerisches Handeln (IUH) der FH Mainz
Geschäftsführer des Instituts für Innovation, Transfer
und Beratung (ITB), Bingen

Einleitung

Molto vivace — sehr lebhaft

Vor zehn Jahren noch hätte ich jedes Ansinnen, ein Buch zu schreiben, mit tiefster Inbrunst von mir gewiesen. Mein erstes Buch entstand 1997 und ist inzwischen bei der fünften Auflage angelangt. Es ist ein Sachbuch zu meinem Produkt A-P-DOK®.

Die Vorstellung jedoch, eine Unternehmensbiographie zu schreiben, bereitete mir zunächst einmal großes Unbehagen, und ich verschleppte den Auftrag um ein ganzes Jahr. Die Aussicht, meinen Marktlückenfund, diese grandiose Entdeckung wahrheitsgemäß schriftlich zu belegen, hat mich erst einmal mehr gelähmt als beflügelt.

Obwohl ich mittlerweile durch die Medien ziemlich bekannt bin, ist es immer noch eine Herausforderung, dieses Ordnungsabenteuer aufzuschreiben.

Seit 1993 begleitet mich der Slogan »Eine Frau räumt auf«. Pünktlich zum zehnjährigen Bestehen

meines kleinen Unternehmens erscheint nun meine
Geschichte, mein zweites Buch.

Einen Zettelkasten, eine Recherche zu meiner Person
brauchte ich dieses Mal nicht, aber einen unverbrüch-
lichen Mut zur Beschreibung eines ungewöhnlichen
Geschäftes, das mir nach zehn Jahren immer noch
Freude macht, das mir nach all der langen Zeit immer
wieder desolate und neue Büros beschert, mir unzählige Menschen nahebringt. Sie alle haben eine gut zu
verstehende Sehnsucht nach Ordnung. Das Schöne und
auch Geldwerte an meiner Dienstleistung ist, daß meine »Opfer« das Erlernte beibehalten. Sie bleiben einfach aufgeräumt, wenn sie die zuvor ungeliebte Disziplin jeden Tag aufbringen.

Ein wahrer »Schatz« sind für mich die nachhaltigen
Kontakte zu meinen Kunden, die oft zu Freundschaften
oder monatlichen Treffs führen. Offenbar vermittelt
Ordnung eine innere und äußere Zufriedenheit, die
uns die Bürowelt besser ertragen läßt.

Daß sich ein Mensch oder eine Firma eine Methode
für Ordnung mit einem ganzheitlichen Anspruch kaufen kann, so etwas gab es zuvor einfach nicht. Das Versprechen, die Ordnung für immer haben zu können,
gebe ich stets, mutig auf die Disziplin vertrauend.

Der unerwartete Erfolg meiner Idee hat mich natürlich ermuntert, mein Produkt zu erweitern und mit
unverdrossener Zielstrebigkeit Büros und Menschen

privat und geschäftlich »aufzuräumen«. Diese nicht alltägliche Geschichte ist die einer hemmungslosen Solistin. So nannte mich einmal ein Kunde, als die Stapel von Papieren unerbittlich fielen.

Wir hatten darüber gesprochen, daß ich die Arbeit an jemanden delegieren könnte und nicht jeden Handgriff selbst machen müßte. Ich habe dieses Ansinnen vehement von mir gewiesen. Meine Erklärung war einfach, daß ich NIE wieder mit jemandem zusammenarbeiten wollte. Mir sei das Vertrauen im Zuge der Ereignisse, die sich um meinen Konkurs rankten, abhanden gekommen, so daß ich vorerst keine Chance sähe – mit wem auch? –, meine Arbeit mit jemandem zu teilen.

Ich wollte nicht mehr ausgenutzt werden, ich wollte meine Arbeit alleine erledigen, einfach alles, natürlich auch meine Büroarbeiten, schließlich hatte ich ja eine gute Methode. Ich wollte keine Kompromisse eingehen, ich wollte keine Hilfe. Ich wollte für mich selbst verantwortlich sein, meine Energien für mich einsetzen, mein Geschäft vorantreiben ohne Einrede. Ich wollte keine Schleppenträger, die sich anschleichen. Ich wollte mein Projekt einfach gut durchführen. Mir war dabei zugleich wichtig, nicht wie ein Schneepflug durch mein Umfeld zu fahren und alle zu verprellen. Ich würde jeden und jede abdrängen, die mir zu nahe kämen. Aber ich wollte konziliant sein, keine Verletzungen zufügen, Gefühle anderer nicht verletzen, und trotzdem in Harmonie mit mir sein, nicht einsam, nicht alleine, sondern beteiligt wie immer.

Diese Haltung ist natürlich in meiner Arbeit spürbar, und so bekommt jeder diese unprätentiöse Unerbittlichkeit zu spüren, die es braucht, um die Methode in den Köpfen zu plazieren. Immer allein, immer stehen bleiben und die Regentschaft übernehmen. Mein Kunde hatte das damals ganz richtig erkannt: Ich bin eine hemmungslose Solistin, die jeder inzwischen als solche anerkennt. Mit dieser Einschätzung kann ich leben. Sie ist nur ein Schild.

Seit 1993 entscheide ich über meine Geschäfte allein mit allen erfreulichen und unerfreulichen Konsequenzen, ohne feiges Ausweichen, was immerwährende Turbulenzen in allen Richtungen hervorgerufen hat. Aber was läuft schon glatt im Leben.

Meiner Neigung folgend habe ich allen Kapiteln Tempi- und Interpretationsanweisungen aus der Welt der Musik vorangestellt. Die Komponisten, die Musiker und die Musikwelt mögen mir das verzeihen.

Kathedralen und Solistinnen brauchen stützende »gotische Strebepfeiler«, Statisten und liebevolle Pfleger und Pflegerinnen. Ich danke allen, die mir auf meinem Weg in und um das Geschäft mit der Ordnung geholfen haben: Lis Droste, Werner Erlinghagen, Otto Herrmann, Göpf Horak, Barbara Illi, Karin Lorenz, RAG-Agentur, Petra Schwarzhaupt, Wiltrut Wilden-

Ja,

ich möchte
den *Eichborn-Prospekt*
gern haben.

Meine Anschrift

Name, Vorname

Straße, Nr.

PLZ, Ort

»Volker Kriegels *Olaf, der
Elch* war schon der Clou.
Der trötende Erwin ist
einfach bärenstark.«

Die Welt

Volker Kriegel
Erwin mit der Tröte
Durchgehend vierfarbig
64 Seiten, gebunden
€ 14,95 (D) · sFr 26,90
ISBN 3-8218-3740-3

Eichborn AG
Kaiserstraße 66
60329 Frankfurt am Main

bitte freimachen

Lieben Sie *spannende* Stories, *anspruchsvolle* Literatur, *unterhaltsame* Sachbücher und *durchschlagenden* Humor?

Dann sollten Sie mit dieser Karte unseren kostenlosen aktuellen Verlagsprospekt anfordern.

Er gibt Auskunft über die Bücher aus dem Verlag mit der Fliege, der zu den wenigen konzernunabhängigen Publikumsverlagen zählt.

Sie finden darin **Belletristik**, **Sachbücher**, **Ratgeber**, **Cartoons** ebenso wie **Hörbücher** und **Geschenkartikel**.

Diese Karte einfach lesbar mit Ihrem Absender versehen, frankieren und zur Post geben. Anforderung per *Fax unter 069/25 60 03-30*

Besuchen Sie uns im Internet: www.eichborn.de

hayn, Gabriela Winkler, den Medien und meinen inzwischen aufgeräumten Kunden von A–Z.

Edith Stork
15. Oktober 2002

Mit fünf Jahren schon gewußt: ich werde Opernsängerin

Vivacissimo — sehr lebhaft

Eigenwille, die Fähigkeit, sich zu behaupten, war schon immer eine meiner besten Eigenschaften. Ich wollte nicht belogen werden und fand schon als kleiner Fratz, daß immer alles »richtig« sein müsse. Das hat meist lebhaften Widerspruch hervorgerufen, da ich nicht gehorchen wollte. Selbst ein Arrest hat nichts genützt. Ich sprang einfach aus dem Fenster, wenn die Tür verschlossen war. Wir wohnten Parterre, was immerhin einen zwei Meter tiefen Sprung bedeutete.

Meine Eltern begriffen früh, daß ich einen Dickkopf hatte und einen kämpferischen Hang, mich durchzusetzen. Mir mußte immer alles bewiesen werden.

Beim Spielen, allein im Zimmer auf dem Boden sitzend, alle Holztiere, die der Vater für mich geschnitzt hatte, um mich versammelt, klang es immer so, als spielten vier Kinder miteinander. Ich sprach grundsätzlich alle Rollen. Das blieb so.

Sprachgewandt und immer vorneweg wurde ich Klassensprecherin. Auf dem Schulweg ins Gymnasium in Langen waren wir jedoch eine »wilde Horde«, wie uns der Direktor unserer Schule über den Lautsprecher verärgert zu nennen beliebte, weil wir (sechs Gymnasiasten) mit Schellenkloppen durch die Straßen zogen und Schnee und andere Sachen in die gelüfteten Schlafzimmer von unbescholtenen Bürgern warfen. Da wir nie erwischt wurden, denke ich heute noch feixend daran zurück. Ich glaube, die heutigen Späße sind nicht mehr so naiv und einfach.

Ich lief immer voran, mußte immer ausprobieren, was geht. Oftmals ging es auch schief. Damals waren Klassenbucheinträge erst dann ehrenrührig, wenn es die Kopfnoten beeinträchtigte und es mehr als fünf davon gab. Ich hatte wesentlich mehr auf dem Konto.

Unvergessen mein erstes Erlebnis mit unserem Pfarrer in der Religionsstunde. Ich trug im Winter voller Widerwillen eine handgestrickte braune Pudelmütze mit grüner Quaste. Mütterlicherseits gab es kein Entrinnen, diese Mütze mußte sein.

Damals gab es noch Tintenfässer, gefüllt mit verschmuddelter Tinte und dazu Löschblattfetzchen. In der ersten Reihe sitzend war ich dann eifrig damit beschäftigt, eben diese Quaste mit Hilfe eines Bleistifts in das Tintenfaß zu bohren. Unser Pfarrer ermahnte mich. Er übersah aber, was ich wirklich tat. Bis er schließlich die

Geduld verlor und mir die Pudelmütze aus der Hand riß. Im Nu war die erste Reihe blau gesprenkelt, und die Quaste sauste ihm auf die Schulter, dort einen tiefblauen Tintenfleck hinterlassend. Unser Pfarrer stand wie gelähmt und hielt die tropfende Pudelmütze in der Hand. Wir fünf in der ersten Reihe waren gesprenkelt wie die Perlhühner und lachten uns kaputt. Die Klasse jubelte so laut, daß der Lärm bis zum Rektor drang. Davon angelockt standen alle um mich herum. Der Unmut meiner Mutter war dann eine der bitteren Folgen.

Der Kampf mit der Wahrheit war schon immer hart. Als kleiner Mensch bekommt man selten Recht, und ich verlor den Aufstand oft. Meine kleine Schwester stieß mit keckem Fuß gern meine mühsam erbauten Türme um. Da habe ich sie halt verhauen, was ich nicht durfte. Sie brüllte aber auch, wenn ich sie nicht haute, so daß meine Mutter, in der Annahme, ich hätte wie immer etwas angestellt, mir eine klebte. Ich entwickelte wilden Trotz, der sich heute allerdings verflüchtigt hat, mich aber lange prägte.

Ich hatte rote Haare, was ich damals als Makel empfand, und bin millionenschwer an Sommersprossen. Inzwischen schätze ich beides. Als Kind bekam ich jedoch hinterhergerufen: »Rote Hoor un Summersprosse sind des Teufels Bettgenosse.«

Wehrhaft war ich als kleines Mädchen schon. Jungen, die mir das Schwämmchen vom Schulranzen schnitten

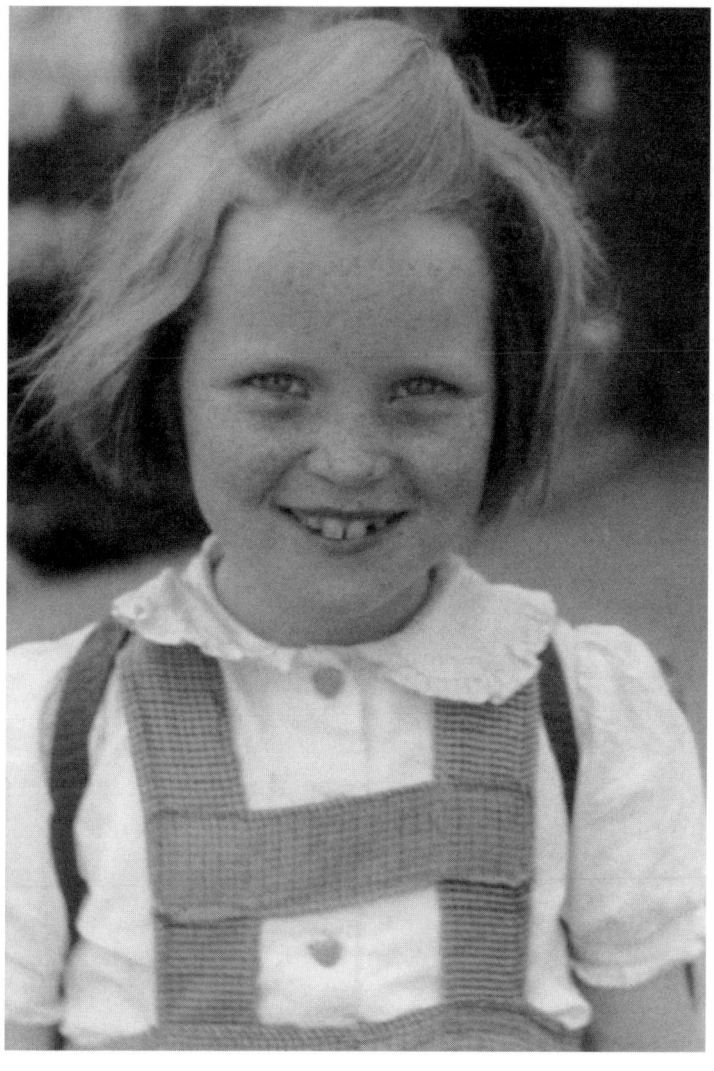

und mich wegen meines Rotschopfs arg beschimpften, habe ich listig bestraft. Ich lockte sie in unserer Straße vor eine meterhohe Brennesselwand mit dem Versprechen, mein Röckchen zu heben. Sie stellten sich brav hin, ich stieß sie blitzschnell in die Nesseln, rannte dann wie ein Kugelblitz nach Hause und verrammelte hinter mir das Gartentor. Mein Vater konnte zwar nicht wissen, was ich getan hatte, fragte aber: »Gewonnen?«

Am nächsten Tag standen die wutschnaubenden Mütter der nesselverbrannten Söhne bei uns an. Es gäbe da noch vieles zu erzählen.

Bei all dem rothaarigen Kampf, bei allen Spielen, bei allen Qualen in der Schule existierte schon früh der Wunsch: Wenn ich groß bin, werde ich Opernsängerin.

Es gab einen Weg in die Musik. Ich habe meinen Vater jahrelang ins Schulorchester begleitet, saß neben der Pauke und sang heftigst mit, in dem Glauben, daß mich niemand hören könnte. Dem war nicht so. Der Mann mit der Pauke fragte mich, ob ich nicht lieber mit ihm trommeln wollte, das wäre auch ziemlich laut. Mütterlicherseits spielten alle Klavier: Uroma, Oma und meine Mutter.

Ich aber wollte singen, dafür hatte niemand Verständnis: So lange du deine Füße unter meinen Tisch ... und lerne erst mal einen richtigen Beruf, danach kannst du machen, was du willst. Aber das stimmte nicht. Es gab keine Förderung für den Gesang.

Intermezzo — Zwischenspiel

Während der ganzen Schulzeit im Gymnasium habe ich für den Sprendlinger Stadtanzeiger und die damalige Offenbach-Post kleine Reportagen über das Vereinsleben geschrieben, zum Beispiel: Hasenzuchtvereine, die Prämierung von Zwergwyandotten — eine Hühnerrasse —, den alljährlichen Ball des Tennisvereins in der Sporthalle. Da verdiente ich mein erstes Kleingeld: für eine Zeile zehn Pfennig. Das reichte nicht für Gesangstunden.

Poco a poco — allmählich

Vor meiner Berufswahl stand der Satz: Niemals ins Büro. Also wählte ich den Buchhandel und lernte ihn bei Peter Naacher in Frankfurt. Mein fester Entschluß, Büroräume zu meiden, ließ sich nicht durchhalten. Schon während meiner Lehrzeit saß ich in den Büros und mußte Schreibarbeiten erledigen. Einen Beruf ohne Büroarbeiten gibt es nicht. Ich versuchte immer, den Büroarbeiten zu entkommen, wollte lieber Bücher im Laden verkaufen, literarische Gespräche führen, ich wollte im Lager arbeiten, Weltliteratur ins Alphabet stellen. Kindliche Illusionen. Heute weiß ich natürlich, ohne Büro geht nichts.

Der Buchhandel war keine Lösung für mich. Ich wollte singen. Meine Familie war nach wie vor dagegen. Aber ich hatte mir heimlich bereits eine Stelle gesucht. Ich brauchte einen Platz, der mich kein Geld kostete, wo ich Essen und Lohn bekam und dennoch Gesangstunden nehmen konnte. So zog ich mit achtzehn Jahren aus ... und niemals kehrt sie wieder. Es gab nur einen Koffer mit Kleidern, eine Wolldecke und einen Ozean voll Mut.

Ich verdingte mich als Dienstmädchen bei freier Kost und Logis, lernte kochen und wie man einen kultivierten Haushalt mit Hund und Kindern führt. In diesem Haus gab es einen Flügel, eine Orgel, kurz, man war musikalisch. Von meinem ersten Gehalt kaufte ich mir vom Klavierhändler Atzert in Frankfurt ein Klavier für 450 Mark. Es schepperte recht laut und wäre als Jazzklavier ohne weiteres durchgegangen. Zudem war es recht abgeschubst, hatte aber noch Diagonalspannung und wog Tonnen. Ich widersetzte mich den Vorschlägen, es weiß zu streichen und goldene Leuchter dranzupimpeln, und strich es gelb. Mein gelbes Postklavier hat mich bis 1988 begleitet. Ich vermute, daß es noch immer irgendwo gelb leuchtend herumsteht.

Die Gesangslehrerin wohnte am gleichen Ort wie meine neue Dienstherrschaft, ich hatte nur zwanzig Minuten mit dem Fahrrad zu ihr, und ich nahm Stunden, so oft ich konnte.

An meinen freien Tagen und Sonntagen kellnerte ich im Operncafé in Frankfurt oder besetzte die Garderobe, denn ich brauchte Geld für den Gesangunterricht. Ich habe dort sicher Tausende von Mänteln auf- und abgehängt.

Vom Operncafé wechselte ich in das Lokal »Mainterrassen« in Nied und lernte, was Bierschleppen heißt. Und was sich eine Kellnerin sonst noch so gefallen lassen muß, etwa ungalantes Kneifen in den Po. Aber mein Reflex war ganz korrekt, mir rutschte das Tablett mit den Biergläsern direkt über den Anzug des mutigen Gasttrinkers, woraufhin die Sonntagmorgengäste vergnügt lachten. Mein Glück, sonst hätte ich die Reinigung bezahlen müssen. Das war die Sache mit der Wehrhaftigkeit.

Vivace — lebhaft

Ich habe als Dienstmädchen viel gelernt über das Essen, das Liebesleben an sich, über Kinder und den

Hund. Dennoch meinte mein Arbeitgeber, übrigens zu Recht: Ich sei eine renitente Arbeitgebertochter. Die Familie mit Hund Lisa hielt mich anderthalb Jahre aus. Ich bin sicher noch irgendwie in Erinnerung, denn ich demolierte in dieser Zeit in erträglichen Abständen so ziemlich alle Elektrogeräte. Die Geschichten dazu erspare ich dem Leser, obwohl sie abendfüllend sind. Das wäre ein Stoff fürs Kabarett, und man müßte außerdem das Buch umtaufen.

Mein Debüt als Dienstmädchen war beendet, meine Stimme befand sich noch in der Ausbildung. Ich war eine zwitschernde Soubrette.

Kurze Zeit sang ich in der Frankfurter Singakademie, damals noch unter dem Dirigat von Ljubumir Romansky. Ich sang im Chor in Salzburg die Trionfi von Carl Orff und auch in Frankfurt und hatte noch viele andere große Auftritte. Den Chor mußte ich verlassen, als meine Stimme anfing, zu solistisch zu klingen. Der Dirigent hörte mich im Chor heraus. Ich war nicht mehr ein silberheller Sopran im Verband aller Soprane, sondern bekam allmählich eine Kunststimme. Ich versuchte im Chor wieder chorisch zu singen, um dort bleiben zu können, aber das gelang mir nicht.

Decrescendo — leiser werdend

Irgendwie schaffte ich es, eine Solistenausbildung zu finanzieren, das heißt, die Opernschule Gerti Haindl zu besuchen, Pantomimenunterricht und regelmäßig Stunden zu nehmen. Ich erhielt keine Unterstützung, und die Ausbildung dauerte länger. Mit siebenundzwanzig Jahren hatte ich jedoch eine gute Stimme. Ich füge lakonisch hinzu, daß ich, als mein Vater starb, Asthma bekam, just mit siebenundzwanzig Jahren. Nun hatte ich zwar eine Stimme, aber keine Luft. Heute würde ich auch mit Asthma singen, unverdrossen.

NIE NIE NIE Büro

Alternamente — wechselweise

Meine Lehre war beendet, meine Dienstmädchenzeit endete abrupt wegen meiner Renitenz beim allmorgendlichen Frühstück für den Hausherrn, Punkt zehn Uhr. Er liebte knackfeste Butter auf sein Kneiselbrötchen (der Bäcker hieß Kneisel), dazu ein Vier-Minuten-Ei, wildgepflückten Kaffee, aufgebrüht mit gefiltertem Wasser aus dreißig Zentimetern Höhe stetig eingegossen, auf und in Blue Arabia (dänisches Geschirr) serviert. Er kam nicht pünktlich auf den sonnenbeschienenen Balkon, so daß die Butter zerfloß. Als er das Malheur entdeckte, sagte er: »Was soll das Gepuddel auf meinem Brötchen?«

Ich rief schlagfertig: »In Afrika würden sie sich darum reißen.«

Das bedeutete Abschiednehmen für mich. Er lachte trotzdem. Ich durfte dort noch so lange wohnen, bis ich eine neue Stelle gefunden hatte. Gnadenbrot.

Die Stelle als Garderobenfrau im Frankfurter Operncafé gab ich auf. Ich hatte die Nase voll vom Auf- und Abhängen schwerer Mäntel.

Irgendwann wollte ich dann doch in den Buchhandel, was mir auch gelang. Ich landete bei Montanus. Dort geriet ich in die schöne Position, abwechselnd eine Woche im Laden im Hauptbahnhof und eine Woche im Laden im Hotel Intercontinental im Schichtdienst zu arbeiten. Eine turbulente Zeit, insbesondere im Hotel mit seinem internationalen Flair. Es hat mir gut gefallen.

Einmal habe ich nach Dienstschluß in der roten Bar des Hotels zusammen mit dem Pianisten an Fasching im Mozartkostüm, ausgeliehen von Kostüm-Jansen, die Cherubinarien gesungen. Das hat den Amerikanern viel Spaß bereitet. Sie spendierten mir Drinks, so was wie Eggnoggs. Davon ist man sofort beschwipst.

Allegro vivace — munter lebhaft

Dann las ich die Anzeige der GTZ für eine Buchbeschaffungsstelle, damals noch GAWI, in Frankfurt. Der Schrei »NIE NIE NIE ins Büro!« war nutzlos. Diesen Schrei hatte ich schon einmal ausgestoßen. Er ist ungehört verhallt. Ich bekam die Stelle in der GAWI/

GTZ ab 1971. Ich saß in einem Büro, festgenagelt bis
1987.

Meine Aufgabe bestand darin, Fachliteratur für alle
Projekte im Ausland zu beschaffen. Am Anfang waren
wir zu zweit in diesem Bereich, aber dann kam der
Moment, in dem ich diese Arbeit allein machen durfte.
Es war ein schwungvoller und höchst lebendiger Arbeitsplatz. Ich hatte einen hohen Etat von etwa sechs
Millionen Mark. Alle Auslandsmitarbeiter haben mich
frequentieren müssen, jeder von ihnen brauchte
Fachliteratur, benötigte Zeitschriften, Dokumentatio-
nen und Lehrmittel. Es gab nichts, was nicht beschafft
werden konnte. Ich kam mir vor wie die Bücherpäp-
stin.

Alles, was besorgt wurde, ging direkt ins Ausland zu
den verschiedensten Projektorten auf der ganzen Welt.
Ich war in meinem Element. Der Platz war wie für
mich geschaffen.

Ich habe mich sehr dafür eingesetzt, daß die Ab-
wicklungen des Versandes stets flott liefen, damals gab
es noch für jeden Vorgang ein Formular mit zwölf
Durchschlägen und vielen Unterschriften.

Mit Strategie und Engagement habe ich mich in die
Bücherwelt zugunsten der Entwicklungshilfe gestürzt.
Es entstand ein professionell geführtes Titelregister, in
dem alle einschlägigen Verlage vertreten waren. War ein
Buch vergriffen, schickte ich sofort Listen mit alternati-

ven Titeln an die Projektleiter. Diese schätzten es, daß sie nicht selbst suchen mußten, und gewöhnten sich an mich und meinen umfassenden Service. Wenn sie das Mutterhaus besuchten, legten sie mir immer einen Stein aufs Fensterbrett und das siebzehn lange Jahre. Zur Ausbildung der Projektleiter gehörten ebenso Vorträge über Informationsbeschaffung, die ich damals schon gewürzt mit viel Humor in Bonn und Bad Honnef hielt. Ich lernte bei dieser Arbeit aus allen Wissensgebieten etwas, von der Veterinärmedizin über keimfreie Kartoffeln für Islamabad, Lehrmittel für Nicosia oder das Sexualorgan der australischen Fruchtfliege, so daß ich wußte, wo die entsprechende Literatur zu finden war. Das führte zu einer regen Korrespondenz mit Buchhandlungen und Verlagen, um seltene Schriften und »graue« Literatur zu ergattern.

Eine schöne Episode aus dieser Zeit war der Versand einer lebensgroßen Lehrmittelkuh aus Bakelit zum Auseinandernehmen. Es gab eine Firma in der damaligen DDR, die diese Kühe liefern konnte. Die Bakelitkuh wurde nach Frankfurt zur Buchhandlung gebracht, wo sie morgens den Eingang versperrte. Die Spedition brachte die Kuh dann zum Flughafen, von wo sie nach Nicosia geflogen wurde. Und so kam die Kuh im Projekt an: Eine Zitze vom Euter war abgebrochen und ein Horn. Der Projektleiter rief gleich an, er forderte empört eine neue Kuh. Ich antwortete ganz trocken,

ich könne ihm eine Tube Pattex schicken. Das hatte ein
Nachspiel für mich und eine neue Kuh für Nicosia zur
Folge. Es war ein Versicherungsfall, und so hatten sie
dann zwei Kühe, einmal mit und einmal ohne Horn
und Zitze.

Plötzlich verspürte ich einen »Sender« in mir, vielleicht war es auch nur eine fixe Idee, die mich dazu
verleitete, mich beim Betriebsrat zu bewerben, als sei
alles andere nicht schon genug. Ich bewarb mich als
erste Frau für den Betriebsrat, ohne einer Partei oder
Gewerkschaft anzugehören. Das ist noch heute so. Ich
schätze den Satz von Tucholsky: Ich trage keine Fahne.
Ich bewarb mich mit dem Satz: Ich denke, also bin
ich hier falsch. Die Frauen wählten mich. Die Liaison
hielt neun Jahre. Ich habe gelernt, daß Recht nicht
gleich Recht ist, selbst wenn man recht hat. Ich habe
gelernt, daß man Frauen nicht trauen kann, Männern
auch nicht, bei aller Toleranz. Parität ist und bleibt ein
Fremdwort. Da hat man halt den Salat. Es hat sich
nichts geändert.

In dieser Zeit habe ich in Persien, Ägypten und in
den Maghreb-Ländern Projekte bereist. Dabei habe ich
einen Projektleiter in Marokko in Panik versetzt, weil
ich alleine, allerdings mit dem GTZ-Caravan, losfuhr,
um Volubilis zu besuchen. In Fes wunderte ich mich,
daß ich, als ich aus dem Suk kam, beladen mit orien-
talischen Gewürzen, das Auto frisch gewaschen vor-

fand und natürlich nur gegen Bakschisch zurückbe-
kam.

In Volubilis habe ich einfach die Zeit verträumt und
den Sonnenuntergang genossen und war schließlich
die letzte, die sich auf dem großen Gelände befand.
Obwohl man mir eingeschärft hatte, vor Einbruch der
Dunkelheit zurück zu sein, kam ich erst gegen zweiundzwanzig Uhr nach Hause, weil ich im Schrittempo
fuhr, um keine der vielen Ziegen zu überfahren, die die
Straße überquerten. Der Balkon des Hauses hätte eigentlich abbrechen müssen, weil alle Projektmitarbeiter dort standen und sich aufregten. Als sie die Schein-
werfer des Wagens erkannten, schimpften die einen,
die anderen meinten: Der Dickkopf ist ja wieder da.
Ein Anlaß für einen Umtrunk.

Sereno — heiter

Während meiner Ägyptenreise 1977 erklärte der Rei-
seleiter, wenn er jemals noch einmal meinen Namen
auf einer Reiseliste, egal für welches Land, sehe, würde
er die Reiseleitung jemand anderem übertragen und
sich verstecken. Ich bin ihm nämlich bei jeder Tour ein
bis zwei Stunden vorher weggelaufen und habe mir al-

les alleine angeschaut. Die Rezeption des Hotels informierte mich stets.

Irgendwann im Laufe des Tages stieß ich dann zur Gruppe, die mich natürlich nicht mochte, wozu auch. Erstens hatte ich bereits alles gesehen, denn ich wollte alleine um sieben in der Frühe vor den Säulen in Karnak stehen und die Spatzen füttern, ohne das Gewäsch anderer Leute. Außerdem waren zwei Lehrer dabei, die alles wußten und das auch noch ungefragt absonderten.

Ich wollte meine Reiseeindrücke immer ganz für mich haben, um sie nie zu vergessen. Ich habe bis heute die Vorstellung, daß ich dann im Alter, wenn die Knochen klappern, meine Erinnerungen im Original noch einmal genießen kann.

Beruflich galt ich mit dieser Eigenschaft ebenfalls als schwierig und dominant. Ich hatte einen interessanten Beruf, konnte mich relativ frei bewegen. Was wollte ich mehr?

So drei, vier Jahre vor meinem Abgang von der GTZ fing ein stilles Mobbing an. Damals hieß das noch nicht so. Meine Kompetenzen wurden eingeschränkt. Es wurde zusehends unvergnüglich. Meine Schreibkraft war innen und außen wie gelähmt, sie wollte und sollte nicht mehr für mich schreiben oder arbeiten. Die Flügelstutzer waren am Werk. Das Spiel gelang.

Ich zog die Konsequenz und ging. Es war einer der seltsamsten Tage in meinem Leben. Im Auto eingepackt waren alle meine sichtbaren Erinnerungen: Skarabäen aus Ägypten, die ich bis dahin als Briefbeschwerer nutzte, schlafen jetzt auf einem Brett meines Bücherregals. Die Museumsplakate von vielen Goldmuseen der Welt, einige Kisten mit Steinen vom Achat bis zum gelben Schwefelgestein, die mir die Projektmitarbeiter aus dem Ausland mitgebracht hatten. Ich könnte fast mein Grab damit zuschütten. Ein Teil der Grabfüllung sitzt noch in meinem Keller. Vielleicht finde ich mal ein von Steinen besessenes Kind, dem ich die Sammlung schenken könnte.

Die effiziente »Buchhandlung« im Hause GTZ wurde geschrumpft, ist inzwischen eine Farce. Das renitente Rothaar war weg. Dilettanten.

Mein Leben bestand natürlich nicht nur aus Arbeit. Ich schätze mich bis heute sehr glücklich, daß ich reich an Talenten bin, die mir ein weites geistiges Feld eröffnet haben. Das Geld spielt dabei keine Rolle. Da war die Kunst, das Malen. Ich war in der Städelschule in Frankfurt. Auch eine brotlose Kunst, von der man nicht leben konnte. Da war das Töpfern mit drei erfolgreichen Ausstellungen. Da war die Literatur, kein Tag ohne Lesen. Hunderte von schönen Ausstellungen habe ich besucht und mir jeden Katalog gekauft, bin in Opernaufführungen und Konzerte gegangen. Seit

1962 sammle ich alle Programme der Veranstaltungen,
bei denen ich war.

Cantando — singend

Die Leidenschaft des Singens hat mich nie verlassen.
Aber als ich mit siebenundzwanzig Jahren Asthma bekam, das neun Jahre andauerte, war das zunächst eine
qualvolle Pause. Ohne gescheite Luft kann kein Mensch
singen. Durch eine Selbsttherapie habe ich mit dem
Asthma aufgeräumt und mich und meine Seele gleich
mit.
   Heute nimmt mir keiner mehr die Luft, und wer es
versucht, dem huste ich was. Nun singe ich wieder mit
Kraft und gereifter Stimme. Nicht mehr als Zwitscher-
soubrette, dafür aber lyrisch-dramatisch, einige Rollen, in denen Frauen auf der Bühne ins Kloster gehen
oder den Tod finden. Ich wünschte mir jemanden, der
zu mir sagte: Ich würde dir ohne Bedenken einen Kor-
repetitor schenken, und das nicht nur des Reimes wegen.
   Ich habe in den Jahren nach meinem Asthma mir
wieder die Flügel angeschnallt und regelmäßig Ge-
sangsstunden genommen, und das ist bis heute so ge-

blieben. Meine liebsten Arien sind die von Wagner und
Mozart, Händel oder der schwierige Part aus dem
Oberon: Ozean, du Ungeheuer. Die Behauptung, daß
man nach den Arien keine Lieder singen könne, ist Un-
sinn, denn mit einer ausgebildeten Stimme kann man
alles singen, eben auch Lieder. Manchmal überkommt
mich gar die Operette mit dem »Wilja Lied« oder
»Rosen für San Remo«. Das Singen bringt mich in die
Balance, und ohne Musik will ich nicht sein. »Vielleicht bleibt die Musik das letzte Paradies«, sagte einmal Yehudi Menuhin.

Die Sehnsucht nach Musik geht so weit, daß ich mir
für ein Konzert manchmal drei teure Karten kaufe, um,
den mittleren Platz besetzend, niemanden mit
falschem Atem neben mir ertragen zu müssen. Geht
das Licht langsam aus, wollen die Mitbesucher auf-
rücken. Ich zücke dann, wohl vorbereitet, meine drei
Karten und sage: »Zurück in die Form, hier liege ich.«

Ein Herr mit weißen Haaren fing mich einmal in der
Pause ab, lud mich auf einen Champagner ein und be-
dankte sich, daß ich die hinteren Reihen nicht aufgekauft hatte. Wenn ich es mir leisten kann, erschrecke
ich so öfter meine Musiksitznachbarn. Leidenschaft.

Ausstieg und Neubeginn

Tremolo — zitternd, bebend

Bei meinem Abgang von der GTZ war klar, es würde ein Ausstieg ohne Wiederkehr sein. In den Monaten davor aber kam ein junger Verleger, der meinte, ebenfalls Flügel zu haben, und sagte:»Gründen wir einen Verlag.«

Er besaß bereits einen Selbstverlag und lieferte an die GTZ einige seiner Titel. Ich kam deshalb nicht auf die Idee, daß etwas schieflaufen könnte, denn er genoß im Haus ein gutes Ansehen. Ich entschloß mich also zu dem Schritt der Verlagsgründung. Zuvor hätte ich jedoch genauer hinsehen müssen. Durchflutet von leichtem Größenwahn versuchten wir sogar, eine alte Mühle im Vogelsberg zu unserem Verlagssitz zu machen. Eine Idylle: Es klappert die Mühle am rauschenden Bach ... und keinen Pfennig in der Tasche.

In Langen fanden wir dann geeignete Räumlichkeiten, die sehr groß waren, zu groß, so daß wir sogar untervermieteten. 1987 gründeten wir den Triops Verlag unter größten Schwierigkeiten: pekuniär und psychologisch eine Tour de force. Ich bin jeden Morgen um sieben Uhr im Verlag gewesen und habe losgelegt. Mir machte all das Spaß. Es sollte ein Ort werden, wo Dritte-Welt-Literatur und neue Bücher entstehen.

Mein Verlegerpartner, der auch im Verlag kampierte, sah meine frühmorgendliche Präsenz weniger gern. Der Verlag verwandelte sich in Kürze in einen Ökoschlafsacktummelplatz der Kommilitonen des Jungverlegers. Biologen, Studenten und Wissenschaftler gaben sich die Klinke in die Hand. Es entstanden interessante Fachbücher. Ja, es war ein richtiger Verlag.

Nicht so ganz Hand in Hand funktionierte unser Zusammenspiel. Es gab Differenzen, die normalerweise nicht zu einem Kollaps führen, doch bei uns war das so. Es krachte an allen Ecken. Die bisherige Alleinherrschaft des Verlegers erlitt einen empfindlichen Einschnitt. Als Geschäftsführerin hielt ich die kaufmännischen Belange in der Hand. Das Regieren war ich gewohnt, nicht nur im buchhändlerischen Sinn. Und so stellte sich bald die Frage: Wer ist die Nummer eins?

Auch mit einem Fernmobbing der GTZ hatte ich nicht gerechnet. Unser Verlag wurde schlichtweg von meinem früheren Arbeitgeber ignoriert, obwohl wir Bücher aus der Dritten Welt anboten. Es kam zu Geldschwierigkeiten, bei denen wir keine Einigkeit erzielten. Der Ärger war vorauszusehen. Nach dem Konkurs

hat ein Buchhändler aus Darmstadt den ganzen Laden
aufgekauft und sein Geschäft damit aufgemöbelt. Seltsame Dinge. Es hätte durchaus was werden können, aber da wurde falsch gespielt. Nach dem filmreifen Abgang des
Verlegers und seiner Partnerin mit der Ankündigung,
er käme nicht wieder, verließ er unerzogen und selbst-
herrlich den Platz und ward nicht mehr gesehen.
So entschloß ich mich, eindeutig allein gelassen, den
Konkurs ohne jede Absprache, ohne Rat von Freunden,
anzumelden.

Tja, und dann kam er doch noch einmal, der ver-
schwundene Verleger, um aus dem wegen des Konkur-
ses versiegelten Verlag bei Nacht und Nebel seine, unsere (?) Bücher herauszuholen. Die Untermieter hatten
mich nachts angerufen. Da war aber alles schon zu
spät. Die Polizei hat ihn nicht erwischt. Ich erhielt die
Erlaubnis, das Klavier meines Vaters abzuholen, da ich
nachweisen konnte, daß es mir gehörte und nicht zum
Bestand des Verlages.

Ich fiel in einen Zustand der Sprachlosigkeit, was bei
mir höchst selten vorkommt.

Ich hatte damals keine Ahnung, wie man einen Konkurs einreicht, aber ich habe Helfer gehabt und so
wurde der Verlag ordentlich buchhalterisch für den
Konkurs bearbeitet und vorbereitet. Wir brauchten
dafür zwei Tage. Es ist ein eigentümliches Gefühl, wenn

man seine Zukunft einfach in einem Konkurs weg-
packen muß. Die Stunde Null.

Die Niederlage

Tacet — schweigt

Am 29. Dezember 1988 ging ich zum Amtsgericht Langen und reichte den Konkurs persönlich ein. Ich gab die Finanzbuchhaltung, die letzten Schecks, Bargeld und die Schlüssel ab, kurz das ganze Geschäft des Verlages Triops. Das Amt war rar besetzt, da zwischen den Jahren viele in Urlaub waren. Ich weiß gar nicht mehr, ob ich etwas gesagt habe, mein Mund war wie zugenäht. Sinnlos.

Die Konkursabwicklung wurde dank der genauen Abbildung der geschäftlichen Vorgänge vom Staat übernommen. Diese Abwicklung für den Verlag Triops dauerte sieben volle Jahre.

Ich kam vom Amt zurück in meine Wohnung. Nun hatte ich kein Geld mehr, keine Arbeit, keine Pflichten, ein ungewohnter, alarmierender Zustand. Geweint habe ich nicht. Ich rief eine Freundin an und erzählte, was passiert war. Kommentar: »Endlich fällst du auf die Fresse, du hattest schon viel zu lange Oberwasser.«

Reizend! Mir blieb nicht mal die Luft weg. Sie war
wohl gar keine Freundin gewesen über all die vielen
Jahre, und ich hatte es nicht bemerkt. Was ist die
schönste Tracht der Menschen? Die Niedertracht.
Es war ein Verlust auf allen Ebenen. Ich hatte mir nie
vorstellen können, daß mir eine solche Niederlage, ein
Konkurs, überhaupt je passieren könnte. Das war so
fern von allem. Aber es ging um meine Existenz, die
Basis dafür war einfach weg. Keine Arbeit mehr, aber
ich hatte frei. Das war der erste Akt.

Das andere war die Tatsache, daß ich alle Freundin-
nen, Freunde und Geschäftsbeziehungen verlor. Nachdem es sich herumgesprochen hatte, rief niemand
mehr an. Nicht zum Trösten oder um nur mal nachzu-
fragen, sich Information zu beschaffen, was passiert
war, nichts. Auch alle Geschäftspartner, die bisher mit
mir zusammengearbeitet hatten, haben mich bis heute
nie mehr angerufen. Ich hatte ein Heer von Ausnutzern
um mich versammelt und hatte es zu spät oder gar
nicht bemerkt. Gnadenlose Naivität. Ein Würdeverlust
auf jeder Ebene, privat, geschäftlich, seelisch.

Dieses Mal, 1988, konnte ich nicht laufen. Etwa vier
Wochen kroch ich in meiner Wohnung herum, hatte
keine Schmerzen und konnte nicht stehen, war taten-
los, kraftlos, einfach leer. Ich meldete mich nirgends
und ging natürlich auch nicht zum Arzt.

Es meldete sich kein Mensch. Offensichtlich hatte

ich nie Freunde gehabt, und ich glaubte, allein auf der
Welt zu sein. Aber trotzdem passiert dann immer etwas. Ein Anruf von einer Bekannten weckte mich. Sie
bot an, die Wohnung aufzuräumen, die Waschmaschi-
ne anzuwerfen und mir Essen vorbeizubringen. Sie
brachte Selbstgekochtes. Ich werde es nie vergessen:
Hasenpfeffer mit Linsensalat, schwer verdaulich, aber
mit Liebe präsentiert. Durch diese Zuwendung kam ich zu mir, nicht
durch die schweren Linsen. Ich erinnerte mich an ein
Bild von Feiniger: Revolution des Viaduktes. Für mich
eine Metapher dafür, daß die Viadukte das Tal verlassen
und sich ein neues aussuchen, denn Kriechen ist keine
Gangart.

Der dritte Akt war die Sache mit dem Geld, der Bank
und der Schufa, was im Klartext für mich bedeutete,
sieben Jahre keinen Kredit bekommen zu können.
Mein Konto stand weit unter minus Null. So wird man
ganz schnell selbst zur Null, einfach wertlos. Meine Beziehung zu Banken erlitt einen gewaltigen Knacks.

Dazu kam noch ein ganz anderes Gefühl, ein neues.
Ich hatte das Vertrauen verloren. Ich traute niemandem
mehr. Ich nahm mir fest vor, nie mehr mit irgend jemandem zusammenzuarbeiten, nie mehr mit Rechtsanwälten zu tun haben zu müssen, keine seltsamen Verträge mehr zu unterschreiben, und Banken waren mir
schlicht unheimlich. Die stellten immer die Frage nach

den Sicherheiten. Die hatte ich nicht mehr. Was sind schon Sicherheiten? Große Wirtschaftsverbrecher kommen mit einer mehr als eigentümlichen Sicherheit aus allem heraus, sie dürfen alles, gelangen nach dem Gefängnis wieder zu Ansehen. Ein blödes Ressentiment? Nicht unbedingt.

Da stand ich nun mit NIX. Alles, was ich wollte, mußte ich mir selbst erarbeiten, ohne Hilfe, ohne Zuspruch.

Der vierte Akt: Ich war arbeitslos. Ohne Worte. Der Konkurs als Lebenskatastrophe. Ohnmacht!

Ganz am Anfang dachte ich noch: Oh, wie schön, du mußt nirgends hin, du hast ja frei. Aber diese Laune verging ganz schnell. Das Damoklesschwert der Mittellosigkeit hing über meinem Kopf. Miete zahlen, Auto unterhalten, Essen, Leben, wovon sollte ich das bezahlen? Ich sah mich schon unter einer Brücke kampieren, ohne Wohnung, keinen Job, keine Kreditkarte mehr. Meine kleinen Besitztümer bei einer Spedition untergestellt. Verlust des Ansehens. Einschränkung ohne Ende.

Arbeitsamt

Con sordino — mit Dämpfer

Auf dem Arbeitsamt war ich noch nie gewesen. Es riecht dort nach Angst und ungelüfteten Kleidern. Die Flure sind besetzt mit wartenden, müden Menschen, denen die Hoffnungslosigkeit ins Gesicht geschrieben steht. Es wird kaum miteinander gesprochen. Man setzt sich an einen im Flur aufgestellten Computer und drückt bis zu sechzigmal Enter, dabei erscheint jedesmal ein Berufsbild zur Auswahl. Einer der Wartenden machte mir klar, daß ich eine Nummer ziehen müßte, sonst käme ich nie dran. Resignation, zusammengesetzt aus Mutlosigkeit und Verdrossenheit.

Mein Gespräch mit der Beraterin verlief hoffnungslos und unfreundlich. Die Motivation dieser Frau war gleich null, zumindest kam mir das so vor. Ich war in allen beruflichen Belangen immer beteiligt und engagiert gewesen. Diese gleichgültige und rüde Unfreundlichkeit im Umgang mit arbeitssuchenden Menschen, die sich ohnehin in einer Notsituation befinden, war mir völlig unbegreiflich. Offensichtlich war das hier aber jeder schon gewohnt, als ich wieder auf dem Flur landete und fragte, ob die immer so seien.

Die Auskunft des Arbeitsamtes war vernichtend: Ich sei viel zu alt, mit meinem Werdegang schwerstvermittelbar und müsse mich auf eine lange Arbeitslosigkeit einstellen.

Und weil ich so ein schwerer Fall war, bekam ich gleich eine Maßnahme reingewürgt. Da ich zugegebenermaßen keine Ahnung vom Computer hatte, wurde mir ein dreimonatiger Computerführerscheinkurs vermittelt, damit ich später wenigstens als Tippmamsell mein Dasein fristen könnte. Denn mit dem Wissen und der Ausbildung, die ich hatte, könnte man mich nicht vermitteln. Eine Arbeit für mich gäbe es gar nicht. Ich könne ja nichts. Respektlos!

In diesem PC-Kurs war ich die Älteste. Es gab ein paar junge Männer, die das viel besser konnten als ich, und die mir über die Klippen halfen. Ich bestand den Computerführerschein mit der Note befriedigend.

Obwohl nach wie vor das Schild: NIE NIE NIE Büro! über mir schwebte, wußte ich, daß ich da hinein mußte, daß ich dem Büro nicht entrinnen würde. Vielleicht brauchte ich eine andere Parole, nach einem Jahr Arbeitslosigkeit.

Die Situation von Arbeitslosen ruft kein Verständnis hervor. Wieso ist man ohne Arbeit? Da ist man wohl nur durch eigenes Verschulden hineingeschliddert. Wenn alle richtig arbeiten würden, könnte man doch glatt das Arbeitsamt abschaffen. Eine fatale Haltung, die offensichtlich ein diskriminierendes Verhalten rechtfertigt. Ich habe das so erfahren, und mir ging es dabei einfach schlecht.

Bewerbungen

Smorzando —— ersterbend

Drei Monate bevor die »Maßnahme« starten sollte, fing ich an, Bewerbungen zu schreiben, Inserate zu lesen, zu telefonieren. Die Suche begann. Der Eiertanz der Absagen begann ebenfalls. Die Telefonate waren entwürdigend. Offensichtlich ist ein Arbeitsuchender auch außerhalb des Arbeitsamtes, auf dem freien Markt, nichts wert. Ich begann zu träumen. Ich träumte von einer tollen Anstellung, wo ich zeigen konnte, was ich konnte. Träumte von Auslandsreisen, träumte, daß mir die GTZ helfen würde. Ich war sogar dort gewesen. Ich könnte einen Platz bekommen, sagte man mir, aber nicht mit einer Kompetenz wie früher. Was sie mir anboten, war ein Platz für eine Mickey Mouse, aber nichts für mich. Außerdem konnte ich mir nicht wirklich vorstellen, wieder dort zu arbeiten. Wieder den gleichen Menschen zu begegnen, wieder in denselben Büros zu hocken. Irgendwo hatte ich noch ein Stückchen Ehre, das mich hinderte, dort erneut anzufangen. Tempi passati!

Zu vielen Bewerbungen habe ich mich überwinden müssen, denn das Arbeitsamt zählt mit, wie oft man sich bewirbt.

Eine ist mir besonders in Erinnerung geblieben: Der Chef erklärte mir, er könne eine Frau mit Bossy Boots (Chefstiefeln) nicht gebrauchen, ich müsse ein Wir-Gefühl entwickeln und mich in die »Familie« integrieren, was auch bedeutete, bis abends um einundzwanzig Uhr zur Verfügung zu stehen. Die Art der Behandlung hat mir nicht gefallen. Anscheinend wollte er einen Gebrauchsgegenstand, jemanden, der nicht widerspricht und sich konform verhält. Das geht mit mir nicht. Ich bin trotz allem eine selbständige Person, die keine Führung braucht und die sich auch nicht verbrauchen lassen will.

Meine Handschrift wurde von einem Graphologen begutachtet. Ich erhielt dann die Nachricht, daß man eine Frau mit einer solch herrischen Schrift nicht einstellen könne. Ich habe eine bildschöne Schrift, ausgewogen und rund, fast wie ich selbst. Noch nicht mal ein Termin wurde mit mir vereinbart. Welch eine Anmaßung.

Ich habe auch erfahren, daß es Frauen- und Männergehälter gibt. Wir haben halt immer noch keine Gleichstellung. Ich habe mir unglaubliche Dinge anhören müssen, denn ich hatte mehrere Makel:

alt	eine Frechheit
arbeitslos	selbst Schuld
Bossy Boots	unverschämt
herrische Schrift	unglaublich
renitent	unsäglich
lt. Arbeitsamt	unfähig
nicht schuldenfrei	unwürdig
konkursbelastet	unehrlich
schwerstvermittelbar	unausgebildet

Es war so, als hätte ich nie etwas Richtiges gearbeitet, nie gute Zeugnisse gehabt, als wäre bis dahin alles völlig nutzlos gewesen. Ich bekam keine Arbeit. Warum auch? Ich war einfach eine taube Nuß. Aber vielleicht wollte auch niemand ein beflügeltes Wesen, wollte oder brauchte mich niemand. So einfach ist das. Ich hatte meinen Humor nicht verloren, damit hielt ich mir den Kopf über Wasser. Mein Leitwort war lange Zeit: Mehr Niveau.

Das ist aber in unserer oberflächlichen Zeit ein Kulturproblem. Inzwischen habe ich das Motto gewechselt: Mehr Hingabe! Was ungleich schwerer zu leben ist. Es ist mitunter eine harte Herausforderung, die Forderung nach Hingabe zu leben und bei anderen durchzusetzen. Manchmal wird man dafür auch bestraft.

Ich wollte mir das alles nicht gefallen lassen, weder

vom Arbeitsamt noch von arroganten Personalchefs, weibliche habe ich nie getroffen. Noch nie stand ich so ohnmächtig da, abgeräumt, berufslos. Die Bank hat nur gelächelt und abgewunken. Ein regelmäßiges Einkommen mußte her.

Teilzeitsekretärin

Furioso — *rasend*

Da fiel mir die Welt der Teilzeitarbeit ein. Das bedeutete zugleich, daß ich als Sekretärin arbeiten mußte. Ich
bewarb mich bei allen Teilzeitfirmen in Frankfurt. Keine Agentur wollte mich: Ich sei überqualifiziert.
Das war ganz neu. In einer kleinen Agentur hatte ich
dann einen wütenden Ausbruch. Man kann auch sagen, er gelang mir.
Zu Hause durften wir Kinder nie mit dem Fuß auf-
stampfen, das war verpönt und galt als ordinär. Aber
dort, in dieser Agentur, stampfte ich mit dem Fuß auf
und sagte, ich würde die Gardinen herunterreißen, alles demolieren, erzählte meine Arbeitsamtsgeschichte
und drohte mit Verwüstungen, wenn sie mich nicht
sofort einstellen würden. Ich fügte noch hinzu, ich
könne so viel, daß sie mich gar nicht angemessen bezahlen könnten.
Ich stand wohl da wie eine Furie und verbreitete
eine wilde Atmosphäre. Die Agenturdamen haben den

Wutanfall mit großen Augen sprachlos überstanden, sie servierten mir Kaffee und ein Glas Wasser zur Beruhigung und tätschelten mir sogar die Schulter. Ich wurde angestellt und eine Ära mit guten Vorzeichen begann. Man war mit mir zufrieden. Die Agentur hat mich von Oktober 1989 bis März 1993 als Sekretärin oder Vorzimmerhyäne verliehen trotz Überqualifizierung. Endlich verdiente ich wieder regelmäßig Geld und mußte nicht mehr zum Arbeitsamt. Eins der besten Ergebnisse dieser schwarzen Zeit. Die Flügel ausbreiten war nicht drin, fliegen konnte ich in diesem neuen Berufsfeld nicht. Ich verwandelte mich in eine Mietsekretärin, in etwas, das ich niemals sein wollte. In mir schrie noch immer das NEIN zum Büro. Es hat mir aber bis heute nichts genützt. Dabei habe ich eigentlich gegen den Beruf der Sekretärin nichts, aber ich wollte diese Arbeit nicht machen.

Aber noch war ich nicht gerettet. Mit so einem Minigehalt konnte man keine Schulden tilgen. Ich habe heftig Lehrgeld bezahlt, auch als Leihsekretärin.

Einmal geriet ich an einen eigenwilligen Chef, der eine Trillerpfeife hatte: Einmal trillern hieß, reingucken und fragen, was er will. Zweimal trillern hieß, mit einem Block zum Diktat erscheinen. Das war 1989, nicht 1900.

Ich habe gar nicht darauf reagiert. Als er in der Türöffnung erschien und fragte, warum ich nicht

käme, antwortete ich:»Ich dachte, Sie pfeifen nach
Ihrem Hund, der vielleicht irgendwo im Körbchen
schläft.« Irrtum, er meine mich! Aber er hat nur ein-
mal nach mir getrillert. Auch alle weiteren Versuche, mich zu erziehen,
schlugen fehl. In einer anderen Firma wurden jeden
zweiten Monat Konferenzen abgehalten, bei denen die
Abteilungsleiter aus Bella Italia und Frankreich kamen.
Da mußte ich den »Konferenztisch eindecken« und
Kaffee für die zwanzig Teilnehmer kochen. Als alle
saßen, erhielt ich den »Befehl«, den Kaffee zu servie-
ren, ich sollte jedem einschenken.

Ich war sprachlos, das würde schiefgehen, denn die
zwanzig Männer saßen wie die Sardinen eng um den
Tisch, und ich als Frankfurter Barock ... Geistesgegen-
wärtig machte ich einen Knicks und sagte, ich hätte
mein Servierhäubchen nicht dabei, aber es stünde ja alles auf dem Beistelltisch, und wie in Amerika könnte
sich ja jeder nach Bedarf bedienen. Stille, offene Mün-
der. Ich ging. Zwei Stunden später fuhren die Italiener
mit Gelächter den Servierwagen mit dem abgeräumten
Geschirr in den Flur.»Grazie, Signora!« Und das Ser-
vieren war abgeschafft.

Da ich kein As am Computer war, gab es natürlich
Pannen, und ich war nicht schnell genug, denn ich
hatte noch keine Routine. Das wußte ein Chef. Er kam
mit der Bitte, ihm einen Text zu schreiben, das Papier

bräuchte er jedoch in zwanzig Minuten. Ich sah sofort, daß ich das nicht schaffen würde. Ich rief eine Sekretärin in einer benachbarten Abteilung an und fragte sie, ob sie mir den Text schnell schreiben könnte. »Klar«, war die Antwort, »für Sie mach ich das gerne.« So geschah es. Pünktlich nach zwanzig Minuten kam mein Chef und fragte süffisant: »Na, hat's geklappt?« Ich reichte ihm die Seiten. Ungläubig schaute er mich an, fragte: »Wie haben Sie das geschafft?« Ich erklärte strahlend, daß ich das genauso machen würde wie er, einfach delegieren!

Da war er sauer, mit so etwas hatte er nicht gerechnet. Er rief den anderen Abteilungsleiter an, erzählte, was passiert war, schaltete das Telefon auf »laut« und erklärte allen Ernstes, daß ich mich für diesen Übergriff auf dessen Sekretärin entschuldigen würde. Nix mit Würde.

Dieser Abteilungsleiter lachte jedoch fröhlich ins Telefon, meinte, das wäre ganz in Ordnung, Frau Stork würde er immer gern unterstützen.

Das saß. Das Verhältnis zu meinem Chef besserte sich mit jeder Auflehnung meinerseits. Als wir voneinander schieden, verblüffte er mich doch. Er schenkte mir zum Abschied von Strauss: »Vier letzte Lieder«, da er meine Neigung zur Musik kannte. Vielleicht war es aber auch ein Stoßseufzer darüber, daß meine Laufbahn bei ihm nun zu Ende war. Im Prinzip hatten wir uns verstanden, mein Gebaren aber war als Teilzeitkraft für ihn ganz ungewöhnlich. Dickkopf. Bis heute habe ich aus diesem Job noch immer gute Bekannte. Ich bin richtig herumgekommen, wurde von Mal zu Mal besser im Umgang mit den Maschinen. In einer anderen Firma bot man mir sogar an, als Chefsekretärin für ein recht ordentliches Gehalt übernommen zu werden. Am Firmament flimmerte die ewige Sekretärin, eine für mich noch immer unvorstellbare Laufbahn. Ich habe mich für mich entschieden: Also wurde ich keine Sekretärin.

In meiner Teilzeitfirma war ich bald ein beliebtes Pferd im Stall, wurde heftig herumgereicht und erhielt eine Stundensatzerhöhung von neunzehn auf zweiundzwanzig Mark. War's das?

Mein Bankkonto war noch immer in den Miesen, Schulden ohne Ende. Wie baut man die mit einem Stundensatz von zweiundzwanzig Mark ab? Die Unbill dieses Daseins habe ich zwar hingenommen, aber in mir war Rebellion. So wollte ich nicht leben müssen.

Rabbiata — rücksichtslos

Was mich am stärksten in meinem neuen Arbeitsfeld
nervte, waren die strukturlosen und unordentlichen
Büros trotz der ganzen Leitz-Apotheke. Die ständige
Sucherei störte mich gewaltig. Ich war das einfach
nicht gewohnt. Die Suchzeiten waren eminent hoch,
egal in welcher Branche oder Firma.

An jedem neuen Platz habe ich erst einmal aufgeräumt und Ordnung geschaffen. Oft haben mich dann
die anderen Mitarbeiterinnen argwöhnisch beäugt. Sie
fanden, daß ich als Neue gar kein Recht hätte, in die
schmuddeligen Schubladen zu greifen oder die Stapel
alle auf einen Tisch zu setzen, um sie dann langsam ab-
zuarbeiten. Sie fanden auch, daß ich den Arbeitsplatz
der zu vertretenen Sekretärin nicht zu verändern hätte.
Ich tat es dennoch. Ich fragte die Chefs, ob sie einver-
standen seien, wenn ich die Schutthalden »beseitigen«
würde, was bedeutete, daß ich ihnen jeden Tag zehn
Zentimeter Stapelwirtschaft in die Postmappe legte und
verlangte, daß auf jedem Papier vermerkt würde, wo es
abgelegt werden sollte. Die Folge war, daß drei Viertel
vom Stapel im Papierkorb landete. Kamen dann die Sekretärinnen zurück, fanden sie einen aufgeräumten,
hellen Platz vor. Damals war das noch kostenlos.

Standbein

Stringendo — beschleunigend

Mit einer langjährigen Freundin aus der Schweiz heckte ich die Idee aus, mich mit Büroorganisation als Dienstleistung selbständig zu machen. Ein Opernabend in Zürich gab den Anstoß. Alle waren todschick, teuer und gut gekleidet, es roch nach Luxus. Ich beklagte mich, alle haben Geld und ich nicht, wieso funktioniert das nicht bei mir? Es wurde mir an diesem Abend unerbittlich klar, daß mein Leben zu langsam war, daß ich diese ständig wechselnden Arbeitsplätze bei einem Minigehalt auf Dauer nicht aushielt. Der Züricher Opernabend erwies sich in doppeltem Sinn als seelische Anfechtung: zum einen die geliebte Musik, die ich nicht selbst als Beruf ausüben konnte, andererseits die Gesellschaft, in der ich mich aufgrund meiner Situation nicht wohl fühlte.

Ich hatte die Teilzeit satt. Ich fühlte mich zu mehr berufen. Aber was hatte ich zu bieten? Mein Talent zum

Organisieren? Ich hatte die Abläufe genau im Kopf, aber es gab noch kein schriftliches Konzept. Der Weckruf der Freundin zeigte Wirkung. Und das Sterntalerlieschen bekam einen ersten Stern in die Schürze. Meine Freundin nahm mich einfach mit zu einem Kongreß. Sie stellte mich dort vor, und ich erhielt sogar die Erlaubnis, in der Kaffeepause Interviews durchzuführen. Auf diesem großen Kongreß über Kommunikation, mit zweihundert vor allem männlichen Teilnehmern, geleitet von Professor Röggelin in Zürich, startete ich also eine Umfrage. Folgende Fragen hatte ich vorbereitet:

»Haben Sie eine festgelegte Ablageordnung?«

»Wenn Sie keine Regelung haben, wie finden Sie Ihre Unterlagen?«

»Wie oft suchen Sie?«

»Finden Sie das Gewünschte immer sofort?«

»Wieviel Zeit verbrauchen Sie am Tag mit Suchen?«

»Wer legt regelmäßig ab?«

»Wissen Sie über jede individuelle Ablageform Ihres Hauses Bescheid?«

»Was passiert bei Absenzen?«

Die Teilnehmer waren recht neugierig, zeigten sich interessiert, standen in kleinen Grüppchen um mich herum und fragten mir Löcher in den Bauch. Sie behaupteten, so etwas wie die Methode einer Ablageordnung hätten sie nicht gelernt. Jeder outete sich in dieser Hinsicht als hilflos.

Ich berichtete von meinem geschäftlichen Vorhaben und bot ihnen an, ihre Büros aufzuräumen. Die Umfrage machte ich schließlich nicht ohne Hintergedanken. Ich wurde gefragt, ob es überhaupt eine Firma gäbe, die die Regentschaft über das Papier lehrt. Die gab es damals nicht. Aber eine halbe Stunde später wurde sie geboren: Ich erhielt meinen ersten Auftrag in der Schweiz.

Ich war ziemlich verdutzt, als ein Kongreßteilnehmer auf mich zukam: »Sie können sofort bei mir anfangen, ich finde nichts mehr.« Er arbeitete in der Presseabteilung eines Konzerns in Gerlafingen. Ich wollte ihm das zunächst nicht glauben und verlangte eine schriftliche Bestätigung. Die bekam ich und räumte 1991 mein erstes Büro auf – gegen Bezahlung. Dieser Auftrag war der zweite Stern in meine Schürze.

Forzato — betont

Ich hatte nicht einmal richtiges Geschäftspapier, sondern ließ mir Bögen mit meiner Adresse und Bankverbindung drucken. Blaue Reliefschrift auf schlohweißem Büttenpapier, dazu eine kleine Visitenkarte. Mehr gab es nicht.

Meine Flügel breiteten sich langsam aus. Die Teilzeitfirma, in der ich meine Brötchen verdiente, bestand aus zwei lieben Fachfrauen in der Töngesgasse in Frankfurt, die sich stets für mich einsetzten. Ich hatte ihnen reinen Wein eingeschenkt und gesagt, daß ich nur auf Durchreise war, nicht den Rest meines Lebens unter ihren Fittichen verbringen wollte. Sie haben meine Ausflüge in die Selbständigkeit immer mitgetragen und einvernehmlich behandelt. Ich blieb ihnen bis zur Gründung meiner Firma verbunden. Anfangs nahm ich frei von meiner Teilzeitfirma und war dann für vierzehn Tage Frau Unternehmerin. Dieses Wechselbad gab es später öfter, und es funktionierte.

Ich wohnte in der Schweiz bei meiner Freundin kostenfrei. Ein weiterer Stern in die Schürze. Meine Idee, wie man die Methode A-P-DOK® installiert, habe ich dort zum ersten Mal offiziell praktiziert.

Die Arbeit als Unternehmerin empfand ich als Erlösung. Ich hatte eine Sicherheit tief in mir, daß ich diese Anforderung des Aufräumens als Methode kann und ich es schaffen würde, Ordnung zu verkaufen, mir die Vermittlung gelingen würde. Die Zuversicht, daß ein solches Projekt zum Erfolg führt, habe ich immer vermitteln können. Da hat sich niemand geweigert mitzumachen, eher umgekehrt, alle waren dabei. Ich wußte, daß das Konzept stimmte. Mir war es wichtig, als glaubwürdig zu gelten, bei guter Stimmung und guten Ergebnissen. Diese zwei Wochen waren meine Probe für die Einlösbarkeit der Methode. Sie ist gelungen. Mit den acht Mitarbeitern stellte ich die Büros auf den Kopf. Alles, was nicht mehr gebraucht wurde, flog raus. Draußen im Hof bildete sich eine imposante Halde. Die Abläufe, wie sie heute bei A-P-DOK® festgelegt sind, waren damals noch lockerer. Ist- und Sollzustand wurden in einem Akt korrigiert, Schränke entschlackt, Uraltordner abgefahren, die Anordnung der Möbel hinterfragt, die Papierstapel abgebaut und mit jedem Mitarbeiter am Platz die Methode geübt.

Jeden Abend ergänzte ich das penibel geführte Logbuch, um daraus später einen Bericht zu erstellen, der die Maßnahmen der Aktion genau beschrieb. Nach zwei Wochen waren wir fertig mit der Arbeit. Der Grundstein war gelegt. Ich erhielt sogar eine Arbeitsbestätigung ähnlich einem Zeugnis, das meine Arbeit positiv würdigte.

Auf meinem Konto war der erste große Betrag seit dem Konkurs zu verbuchen. Ich war sehr glücklich, aber ich wußte, daß das erst der Anfang war. Also war ich sehr vorsichtig. Zurück aus der Schweiz verwandelte ich mich wieder in die Teilzeitsekretärin. Metamorphose.

Aufs neue als Sekretärin verliehen, kam ich zu einer der damals größten Wirtschaftsprüfungsgesellschaften. Dort setzte man mich an einen Computer mit altem System und ließ mich endlos Texte schreiben. Das war überhaupt nicht mein Ding. Ich faßte mir ein Herz für einen Termin bei meinem Teilzeitchef. Ihm schlug ich dann vor, sein Büro und das Sekretariat aufzuräumen, anstatt für ihn zu schreiben. Nach einer langen Pause fragte er:»Haben Sie ein Konzept?«

Ich sagte:»Ja.«

»Wo ist es?«

»In meinem Kopf!«

»Ich gebe Ihnen zwei Stunden Zeit. Schreiben Sie es auf.«

Nach einer halben Stunde war ich fertig mit meinem Konzept. Ich benutzte dafür einen aggressiven roten Filzstift. Er las es, verschob einige Abfolgen und sagte:»Ja.«

Dieses rote Konzept habe ich heute noch und es erinnert mich an meine vorsichtigen Anfänge.

Wir, mein Teilzeitchef und ich, berieten heftig, ob man daraus ein Geschäft machen könnte, von dem ich leben könnte. Er meinte, eigentlich nein, er könne sich dieses Geschäft überhaupt nicht vorstellen, denn wer ließe sich schon gern in den Papieren herumwühlen.

Das Okay meines Teilzeitchefs war dennoch das Tüpfelchen auf dem i für mich. Da gab es keine Unkenrufe, keine Widersprüche, ich habe auch sonst niemanden gefragt. Mein Entschluß stand fest.

Ich habe in Deutschland in dieser Firma mein erstes Musterbüro aufgebaut und meine Methode ganz alleine eingerichtet und zwar als Leihkraft nicht für mein Honorar, sondern für zweiundzwanzig Mark die Stunde. Der Coup gelang. Jetzt gab es in der Schweiz einen aufgeräumten Platz und einen in Deutschland.

Bis 1993 habe ich abwechselnd als Sekretärin gearbeitet und als Unternehmerin. Die Büroorganisation war mein Standbein. Das Spielbein entstand auf witzige Weise.

Spielbein

Con anima — beseelt

Während meiner Zeit als Teilzeitsekretärin kam ich in Frankfurt viel durch die Stadt und zwar per pedes. Ich sah mich um, war neugierig und entdeckte eines Tages die kleinen Schaukästen an der Front des Hotels »Frankfurter Hof«, die dem Kaiserbrunnen zugewandt waren. Sie waren so unelegant dekoriert, daß man sich trotz der hochkarätigen Menüvorschläge nicht zum Essen eingeladen fühlte.

Kurz entschlossen schrieb ich einen Brief, in dem ich anbot, die unschöne Dekoration zu verbessern; ich hätte recht gute Ideen und würde mich freuen, Antwort zu erhalten. Ich hatte den Brief schon vergessen, als mir nach zwei Monaten als Antwort die Bitte auf den Tisch flatterte, ich möge vorbeikommen und meine Vorschläge präsentieren.

Diese Einladung versetzte mich in ungeheure Freude. Ich hatte inzwischen kleine Modelle gebaut, meine Ideen zu Papier gebracht. Für die 80 x 80 x 30 Zenti-

meter große Vitrine hatte ich zwei Stühle aus golde-
nem Holz mit überlangen Beinen vorgesehen, einen
Tisch dazu, Puppengeschirr zum Eindecken, für die
Rückwand eine schöne Menükarte. Und etliche Zeich-
nungen. Für die zweite Vitrine gleicher Größe, dem
Schaukasten für die »Lipizzanerbar«, hatte ich zwei
Schachfiguren-Rösser und auch sonst alles in Schwarz
und Weiß gehalten.

Ich erschien zu dem Termin ganz in Schwarz als
Kunsteule, die Mappe mit meinen Zeichnungen und
den Modellen unter die Arme geklemmt. Damals fuhr
ich noch ein kleines Auto: kleine Firma, kleines Auto,
große Firma, großes Auto.

Ich weiß noch wie heute, daß ich zu den Klängen
der Romantischen von Bruckner (4. Sinfonie Es-Dur,
das Finale, wenn das Orchester wie ein Sturm dahin-
braust, über alle Abgründe hinweg zum strahlenden
Ausklang) wie eine motorisierte Spieldose beschwingt
ins Parkhaus fuhr und mich bei der Concierge meldete.
Ich sollte in der Autorenbar warten. Ich war so sicher,
daß ich diesen Auftrag bekommen würde. Noch heute
treffe ich mich mit meinen Geschäftspartnern dort.

Der Wirtschaftsdirektor und der damalige Generaldirektor Schaller führten mit mir ein langes Gespräch
mit dem Ergebnis, daß ich beauftragt wurde, die beiden Schaukästen zu dekorieren. Und danach erhielt ich
noch den Auftrag, das Restaurant »Frankfurter Stubb«

neu zu gestalten. Das war der Auftakt zu einer dreijährigen Geschäftsbeziehung. Tief innen hatte ich gewußt, daß es klappen würde. Es-Dur!

Am gleichen Abend, nachdem ich das Okay in der Tasche hatte, traf ich mich mit meinen inzwischen neu gesammelten Nachkonkursfreunden in der Schirn, wo wir uns eine Ausstellung ansehen wollten. Ich hatte einem verblüfften Rosenverkäufer seinen ganzen Strauß roter Rosen abgekauft und verteilte in dieser fröhlichen Runde an jeden eine Rose, dabei erzählte ich ungekürzt die Geschichte vom Hotel und seiner neuen Dekorateurin. Nachts um drei rief mich eine Freundin an, die meinte, ich hätte die ganze Geschichte nur erfunden. Ein weiterer Stern in meine Schürze.

So begann im April 1993 meine Firma mit einem Spielbein und einem Standbein: Hotelinstallationen und Dekorationen einerseits und die A-P-DOK®-Methode für meine Kunden andererseits. Später wurde übrigens auch die Generaldirektion des Hotels mit A-P-DOK® umstrukturiert.

Hotelräume zu dekorieren war eine völlig neue Aufgabe für mich. Zur Unterstützung stand mir die technische Abteilung des Hauses bei. Wir hatten viel Spaß miteinander, da die Arbeit so anders war als die alltägliche: Tapeten aus dem Schlafzimmer Goethes aus Östrich-Winkel verkleben, Treppchen bauen für den Struwwelpeter, das Tintenfaß montieren, Stoffe drapie-

ren, Rähmchen in Jaguargrün streichen, Herrn Schopenhauer in Lebensgröße an die Tür montieren, Tho-
mas Mann einen Rahmen geben, im Hitchcockzimmer
die Bilder aufhängen.

Mit dem Schopenhauerzimmer – ein Teil der
»Frankfurter Stubb« – kam ich hoch zu Ehren. Die
Schopenhauergesellschaft und Frau Angelika Hübscher
waren damals sehr angetan von meiner Installation. Ich
hatte die Schopenhauertapete, von der meine Ur-
großmutter mir erzählt hatte, in Olivgrün verkleben
lassen. An den Wänden hingen Repliken von Schopenhauers Damenflor, außerdem befanden sich in dem
Zimmer ein Barockschrank und ein kleines rotes Sofa,
das dem Schopenhauers nachgebildet war. Ich hatte einen Schreiner gefunden, der nur solche kleinen Sofas
herstellte.

Schopenhauers Flöte wurde aus Pappdeckel nachgebildet, dazu die Noten von Rossinis Flötensonaten, und
an der Tür lebensgroß als Tapetenreplik Schopenhauer
mit seinem Pudel, gezeichnet von Wilhelm Busch.

Das Festessen dort zu Ehren Schopenhauers fand die
volle Akzeptanz der Schopenhauergesellschaft. Der
Frankfurter Philosophie-Professor Alfred Schmidt, ein
geladener Gast, äußerte den mir unvergessenen Satz:
»Sie sind das Missing link zwischen der Philosophie
Schopenhauers und der Gastronomie.«

So einfach war das. Meine Augen leuchteten vor

Vergnügen. Ich stand schon damals mit meinen Aktionen im »Frankfurter Hof« regelmäßig in den Hotel-Gazetten.

Mit dem Generaldirektor habe ich das ganze Hotel durchforstet, nach Antiquitäten, nach Bildern gesucht, wunderbare Dinge haben wir gefunden, die für meine Projekte zum Einsatz kamen. Wir haben zwei Porphyrpokalen, Ergußgestein mit Kristalleinsprengseln, wieder zu Ehren verholfen. Sie stehen noch heute am Eingang der Autorenbar.

Ich lernte viel über das Innenleben eines Hotels. Generaldirektor Schaller zeigte mir jeden Trakt, die Küche, den Keller, die alte Waschküche aus dem Jahr 1876. Ich lernte die Abläufe kennen, die alle nur dazu dienen, den Gast zufriedenzustellen. Ein Riesenmoloch aus Tausenden von kleinen und großen Aktionen vom Koch bis zur Technik des Hauses.

Die technische Abteilung mit S. Kern, der immer erst ja sagte, wenn alles paletti war, an der Spitze und der Malermeister und Allrounder H. Fettig halfen mir bei allen speziellen Arbeiten, sie waren bereit, jede seltsame Anwandlung meinerseits liebevoll und mit Witz auszuführen. Sie nagelten den Struwwelpeter, 1,50 m hoch, von dem Herr Generaldirektor Schaller meinte, er sähe mir irgendwie ähnlich, an die Wand. Die Vitrinen wurden mit den Utensilien aus der Geschichte des Struwwelpeters dekoriert, Suppenterrinen zum Sup-

penkaspar und Gegenstände aus dem Leben des Doktor
Heinrich Hoffmann. Geheimrat Johann Wolfgang von Goethe zog mit
Pomp und Prunk in der »Frankfurter Stubb« ein. Ich
recherchierte dafür im Goethehaus. Es gab dann eine
Vitrine mit dem »Bubbegescherr« (Puppengeschirr)
der Schwester Goethes. Die Dekoration insgesamt ent-
hielt viel authentischen Goethe. Eine Nische erinnerte
an Weimar. Die Totenmaske von Goethe wurde Frau
von Stein gegenüber plaziert. Auch das »Garddehäus-
je« (Gartenhäuschen) war vertreten und wurde mit
unechten Sonnenblumen bepflanzt. Ein Raum war
Mutter Aja und der »Grie Soß« (grüne Soße) gewid-
met.

Mein Strategieplan ging auf, und viele Installationen
wurden durchgesetzt. Ich kam jedes Mal mit einem
Konzept, einer Zeichnung, einem Terminplan. Ich habe
jede Idee verkauft. Über die Preise wurde immer ge-
feilscht, es sollten ja weibliche, also niedrige Preise
sein. Aber ich habe nie nachgegeben. Ich wollte keine
Kompromisse eingehen, denn ich wußte, daß ich immer noch billiger war als jeder Architekt oder In-
neneinrichter. Außerdem fand ich, daß meine Arbeit
das wert war. Als ich einmal eine zauberhafte Idee in
fünf Minuten aus dem Ärmel schüttelte und meinen
Preis dafür nannte, meinte der Generaldirektor, daß
4500 Mark für fünf Minuten zu viel seien. Ich reagier-

te schlagfertig: »Sie verkaufen seit dreißig Jahren Betten und Suppen, ich lese seit vierzig Jahren über Kunst und Kultur, sonst könnte ich diese originellen Ideen gar nicht entwickeln.«

Eine perfekte, ideenreiche Tischdekoration ist mir zur Eröffnung des »Tigerpalastes« eingefallen. Auf jedem Tisch saß auf einem gelben oder schwarzen Würfel unter einer kleinen, grünen Palme ein schielender Plüschtiger, ja, er schielte und sah daher liebenswert aus. Als Tischschmuck gab es schwarze und gelbe Ripsbänder. Das Personal des »Frankfurter Hofes« hat beim Erstellen der Würfel mitmachen müssen, alle haben gebastelt und verpackt, sonst wäre ich nicht termingerecht fertig geworden. Die sechzig Minitiger durften von den Gästen mit nach Hause genommen werden. Weitere vierzig Tiger wurden auf Wunsch nachgeliefert.

Ich war wegen dieser bunten Aufgaben viel unterwegs, suchte Antiquitäten, suchte die Stoffe aus und fand die dazu passenden Tapeten, alles bei »Hembus«. Ich lernte dort viel über alte Tapeten, wie man sie wiederherstellt und wie man sie verklebt. Es war ein richtiges Abenteuer, bei dem mir mein Organisationstalent zugute kam. Ich war nie unpünktlich und verlangte von allen Beteiligten Präzision.

Auch bei »Strunkmann und Meister« hatte ich mich beworben. Für dieses alteingesessene Geschäft dekorierte ich ein Jahr lang edle Wäsche in allen Varianten. Sie hatten auch eine Vitrine im »Frankfurter Hof«, die alle vier Wochen von mir neu geschmückt wurde. Ich wanderte zwischen Hotel und dem Laden neben dem alten »Café Schneider« hin und her, bepackt mit Frottees, Wäschebezügen, mit Nadeln im Mund und wunderschönen Plakaten unterm Arm. Es hat mir immer Spaß gemacht. Das war mein kleiner Ausflug in die Welt der Wäsche.

Zwischen Goethe- und Schopenhauer-Dekorationen erledigte ich auch Aufträge für Büroorganisation in der Schweiz. Danach tauchte ich wieder in das Hotelgeschehen ein, übte dabei einen Beruf aus, den ich nie gelernt hatte. Aber ich denke, daß das Fach, in das ich mich mit einem einzigen Brief hineingeschrieben hatte, ein vielfältiges Berufsbild darstellt. Es ist ein eigenständiger Beruf, Hotels zu dekorieren, sie von Kitsch und von dem Multimix aus Holz, Plastik und Chrom zu befreien, eine klare Linie zu verfolgen.

Weil ich so oft unterwegs und in Hotels bin, juckt es mich manchmal, etwas zu entschlacken oder zu »enthäßlichen«. Aber dann müßte ich noch ein Geschäft aufmachen.

Es war eine schöne Zeit für mich, sie dauerte drei volle Jahre. Die Ideen gingen mir zwar nicht aus, aber als ich 1996 mit meiner Ordnungsmethode groß rauskam und der Generaldirektor des »Frankfurter Hofes«

nach Baden-Baden ging, schloß ich die Installation im
Hotel ab. Ich konzentrierte mich fortan auf die Auf-
räumarbeit in den Büros.

Geburt einer Marktlücke

Marcato — markiert betont

Denn beinahe gleichzeitig mit der Aufnahme meiner Hoteltätigkeit hatte ich 1993 den zweiten Anlauf in die Selbständigkeit gewagt: Am 1.4.1993 – kein Aprilscherz! – meldete ich mein Gewerbe an und verwandelte mich in einen heftig steuerzahlenden Menschen.

Es ging los ohne Fremdkosten, ohne Kredite, ohne die Einrichtung eines Büros. Ich habe bis heute keines. Ich erledige meine Büroarbeiten auf einer PC-Station, habe seit zehn Jahren nicht mehr als sieben Kundenordner und die zehn landesüblichen privaten Ordner, in denen ich wie alle anderen Bürger Versicherungen, die Rente, die Verträge und Steuern sammle, ohne die der Mensch nicht existent ist.

Meine Teilzeitarbeit erklärte ich für beendet. Aus der Arbeitnehmerin war die Unternehmerin geworden. Meine Hausaufgaben hatte ich ohne Kompromisse gemacht. Zur Gründung brauchte es drei »Substanzen«:

I. Ein Konzept bzw. ein Produkt

II. Kapital

III. Ein Büro

Nummer eins hatte ich.

Nummer zwei hatte ich nicht.

Dafür aber eine gute Bankfrau, die die Hand über mich hielt, trotz der Schwierigkeiten, und, was für mich wichtig war, die mir vertraute. Sie hat recht behalten.

Nummer drei hatte ich auch nicht. Und brauchte ich nicht.

Ein Büro wollte ich mir nicht einrichten. PC und Drucker waren geleast für hundert Mark pro Monat, das war alles. Das Produkt A-P-DOK® und meine Umsetzung waren stark, ich lebte dieses Produkt, lebe es noch heute. Ein tiefes Mißtrauen ist mir jedoch geblieben und hat mir vielleicht weitere Fehler erspart. Ein Konkurs macht sensibel und wachsam.

Mein erster Großauftrag 1993 kam wieder aus der Schweiz. Ein großer Konzern in Winterthur, mit Hunderten von Mitarbeitern in über die ganze Schweiz verteilten Filialen. Dort »infizierte« ich im Laufe der Jahre etwa 380 Mitarbeiter mit meinem Ordnungssystem. Eine langandauernde Beziehung, die immer noch funktioniert.

Den Auftrag erhielt ich durch Vermittlung einer anderen Firma. Die Pressechefs der beiden Unternehmen hatten sich ausgetauscht, mit gutem Ergebnis für mich. Nun wollte der Pressechef in Winterthur auch aufgeräumt werden.

Die erste, fünfunddreißig Menschen starke Gruppe habe ich in einem halben Jahr »umgetopft«. Ich hatte keine Angst, daß ich das nicht packen würde. Sie saßen da, meine »Opfer«, und lauschten meinem Vortrag, der noch ohne Flipchart, ohne Zeichnung, ohne großen Aufwand auskam. Wer mich nicht bremst, muß eben zuhören. Es geht zuerst immer darum, eine gemeinsame Sprachregelung zu finden.

Das Referat dauerte zwei Stunden. Ein Schweizer daraufhin trocken: »Für eine Frau reden Sie erstaunlich viel, einfach zu viel.«

Damals habe ich mit jedem Mitarbeiter persönlich an seinem Arbeitsplatz die Musterordner erstellt, die Papierregentschaft eingeläutet, Schubladen entleert und neu bestückt, alle überflüssigen Körbchen entsorgt. Vollgeknallte Fensterbänke freigeräumt und Stapel eliminiert und neu sortiert. Lieblingsbegriffe wie »divers«, »varia«, »sonstiges«, »allgemein« werden abgeschafft. Jedes Ding hat seinen Namen. Es gibt keine Ausnahmen, es wird so lange diskutiert, bis eine Entscheidung für eine Verschlagwortung gefallen ist. Da bin ich unerbittlich.

Einmal saß ich gemeinsam mit einer Mitarbeiterin am

Schreibtisch, den zwanzig türkisfarbene Körbchen, gefüllt mit in Plastik eingelegten Papieren, nahezu bedeckten. Die Körbchen waren nicht beschriftet, ein Bataillon von Wundertüten. Auf dem Schreibtisch blieben nur vierzig Zentimeter Platz zum Arbeiten. Die Körbchendiskussion dauerte zwei Stunden, die Frau wollte und wollte sie nicht loslassen. Sie hat die Körbchen dann schließlich mit nach Hause genommen, und dort sitzen sie vielleicht immer noch auf einem Tisch. Für die Körbchen habe ich ihr Ersatz angeboten in Form von zwei Pultordnern, deren Anwendung sie mit mir einübte.

In Oberwinterthur haben wir bei einem Auftrag dreißig Jahre »Hängemäppli« entsorgt. Die Putzkolonne wußte schon: wenn sie mich sahen, gab's Arbeit. Loren voll von Altpapier wurden entsorgt. Wenn ich dann aber Wochen später über die langen Flure zum Nachprüfen kam, ob alles von den Mitarbeitern in bezug auf A-P-DOK® erledigt worden ist, schossen die Mitarbeiter wie die Kakerlaken in die Büros und legten letzte Hand an. Das war dann natürlich zu spät.

Nach einer Aufräumaktion, bei der nicht alle Ordner umgetopft werden konnten, erstelle ich einen Statusbericht, bei dem ich festlege, wie lange es dauert, bis die Gruppe aufgeräumt sein wird, das sind dann die sogenannten Hausaufgaben. Meistens handelt es sich um ein Vierteljahr oder auch ein halbes Jahr. Danach komme ich zur Abnahme.

Zur Abnahme sind die Mitarbeiter alle parat und
mit der Arbeit fertig. Das ist immer so. Ich will erreichen, daß es keine Rückfälle gibt und ich nicht nur
ein Seminarsyndrom für einen Tag bin. Die Ordnung
und Methode müssen dauerhaft sein, quasi für immer.

Ein weiterer Zweig meiner Tätigkeit ist die Möblie-
rung eines Büros. Immer heißt es, es gäbe zu wenig
Platz. Schaut man näher hin, stellt man fest, daß die
Schränke nicht richtig genutzt werden, nicht mit Ordnern besetzt sind, sondern mit den alltäglichen Gegen-
ständen eines »Haushaltes« wie Geschenkpapier und
andere Gebrauchsgegenstände, Batterien von Spirituo-
sen, alte Werbegeschenke. Es gibt zu viele Kleinmöbel.

Bei einer Begehung fand ich drei Paar alte Herren-
schuhe. Gefragt, wem sie gehörten, erhielt ich die Antwort, einem Mitarbeiter, der schon zwölf Jahre fort ist.
Ein Mensch verbringt jeden Tag acht bis zehn Stunden
im Büro, da sollte es gepflegt und funktional eingerichtet sein.

Zurück zur Winterthurer Firma: Es gab jeweils vier
Gruppen, mit denen ich jeweils vierzehn Tage lang
meine Methode übte und die Büros entschlackte.

Auf dem Flur sammelten sich die Überreste wie Uraltordner, Umzugskisten, Ruinen vom Vorgänger, alte
Körbchen. Es wurden Musterordner erstellt. Alte Ordner wurden nicht restauriert. Ich führte akribisch mein

Logbuch, um die Hausaufgaben für die Mitarbeiter festzulegen.

Einer aus der Truppe verschloß die Tür:»Sie kommen mir da nicht rein, denn nach Ihnen finde ich nichts mehr.«Wir tranken einen Kaffee zusammen und führten ein Grundsatzgespräch. Denn es geht nicht um den Einzelplatz, es geht um eine teamfähige Ablageform, die für alle ohne Ausnahme gültig ist.

Die Sache war sehr anstrengend, es war schließlich mein erster großer Auftrag. Aber zusammen mit allen Mitarbeitern habe ich das mit guter Stimmung erledigt.

Während der Arbeiten kamen aus anderen Abteilungen immer wieder Voyeure und meinten, daß hier »gezügelt« (umgezogen) wird. Nein, wir räumen nur mit Frau Stork auf. So kam es, daß in dieser Firma eine riesige Fangemeinde entstand. Neue Aufträge schlossen sich an.

Aus meiner ersten A-P-DOK®-Familie sind mir viele Freunde geblieben. Bis heute treffe ich mich fast jeden Monat mit ein paar aufgeräumten Frauen, und wir machen einen »Wyberabig« (Weiberabend), an dem wir gemütlich essen und uns über die Opfer austauschen. Das geht nun fast zehn Jahre so.

Seit 1993 ist mir die Schweiz als Aufräumplatz geblieben. Es wurden immer mehr Kunden. In der Schweiz oder in Deutschland sind die nichtorganisier-

ten unordentlichen Büros systemimmanent in gleicher
Anzahl vorhanden. Da ist kein großer Unterschied. Unordnung ist überall, und überall werden Büros irgendwie lieblos behandelt.

Die meisten meiner Kunden haben die Methode beibehalten oder haben sie in andere Firmen mitgenom-
men, von denen ich dann wieder Aufträge erhielt. Von
Mund zu Mund empfohlen füllten sich meine Auf-
tragsbücher. Das Produkt war ein Renner, die Ausmaße, die es
aber noch annehmen würde, konnte ich nicht ahnen.
Das Arbeitsamt, das auch mal dringend aufgeräumt
werden müßte, hatte mit seiner vernichtenden Pro-
gnose bezüglich meiner Perspektiven nicht recht behalten.

1992 erhielt ich noch einen Stern in das Sterntaler-
schürzchen. Es war der Slogan »Eine Frau räumt auf«
und das Logo »Ordnung ist das halbe Leben«. Jedes
Unternehmen braucht ein Logo. Eine Marke muß her.
Aber eine Marke ist teuer. Am Anfang hatte ich kein
Geld dafür. Trotzdem brauchte ich Briefpapier. Das ließ
ich mir anfertigen, ganz bieder auf schlohweißem Büt-
ten mit blauem Reliefdruck, sehr gediegen und brav.
Amen.

Dann entstand in der Schweiz bei einem geselligen
Nachmittag mit Freunden die Idee zu dem heutigen
Logo. Göpf Horak, Werbefachmann, war dabei. Meine

Idee eines Leporellos, wie der Diener aus der Mozart-oper Don Giovanni, wurde verworfen.

Für Simon, den vierjährigen Sohn meiner Freundin, hatte ich ein kleines Schulheft mit einem achteckigen Aufkleber und abgeklebten Ecken begonnen, um witzige Begebenheiten aufzuschreiben, versehen mit Zeichnungen. Das Fragment gibt es noch. Aus diesem Vorlauf entstand schließlich die geniale Idee von Göpf Horak. Aus dem Aufkleber wurde mein Logo: »Ordnung ist das halbe Leben«. Ein Spruch, den jeder kennt. Dazu der Satz: »Eine Frau räumt auf«. Das war es. So hatte die Firma ein Gesicht, bekam Füße und konnte loslaufen. Der Aufbau des Geschäfts war komplett.

Mein Leben hatte sich verändert. Ich hatte einen neuen Rhythmus. Ich arbeitete wieder regelmäßig, aber als Selbständige.

Bei alledem vergaß ich nie meine pekuniäre Situation. Meine Schulden drückten mich noch immer, und in mir war die diffuse Angst, die jeder Selbständige mit sich herumschleppt: Es könnte kein Auftrag mehr kommen. Aber ich wußte mittlerweile, daß ich in die Teilzeit zurückkönnte, wenn ich es brauchen sollte, denn die Teilzeitfirma gibt es immer noch. Irgendwie beruhigend. Selbständigkeit heißt: selbst und ständig. Ich stellte keine Schreibkraft ein, ich schrieb alles selbst. Na ja, mit Hass am Computer.

So lief diese doppelte, bewegte Berufstätigkeit bis
1995. Danach verdichteten sich die Aufträge für meine
Methode A-P-DOK®, aber es dümpelte noch leise vor
sich hin. Ich war glücklich über jeden Auftrag.
Zur Gründungszeit meiner Firma A-P-DOK® von
1993–1996 gab es für mich keine Medien, keine Werbung außer den Mund-zu-Mund-Empfehlungen. Ich
hätte mir eine richtige Werbung gar nicht leisten können. Ich wurde herumgereicht wie ein Wanderpokal.
Ich nahm jeden Auftrag an und habe das Feld bearbeitet wie ein Ackergaul. Ich wollte von niemandem Hilfe.
Ich war durch meinen Konkurs voller Mißtrauen,
steinhart. Trotzdem hat mich ein Kunde 1992 betrogen
und meine fünfstellige Rechnung nicht bezahlt. Man
nennt so etwas Betrug. Der Schreiner, der in die edlen
Villenräume Regale einbauen sollte, geriet gleichzeitig
mit mir in Schwierigkeiten. Er hatte den Vorteil, daß er
die eingebauten Regale in einer sehr frühen Morgen-
aktion mit seinen Mitarbeitern wieder herausriß. Eine
Dienstleistung kann man nicht »herausreißen«, die ist
in den Köpfen bereits verankert. Den Prozeß habe ich
gewonnen, einen Titel habe ich, aber keine Aussichten
auf die Erstattung des Betrages. Ich verlor durch diesen
Betrug 16 000 Mark, die mir fehlten. Aber ich mußte
es hinnehmen, doch habe ich es nicht als Rückschritt
genommen, sondern eher als: Und jetzt erst recht!
Mit Rechtsanwälten wollte ich nie mehr etwas zu

tun haben. Das ließ sich so nicht einhalten, denn ganz ohne sie geht es offensichtlich nicht. Triumphgeheul, lieber nicht.

Vigore — kräftig

Jeder Pfennig wurde auf die Bank gebracht. Ich wollte meine Schulden loswerden. Eines Tages rief mich meine Bankfrau an und sagte:»Du bist in den schwarzen Zahlen!« Das war im September 1995. Es war die beste Nachricht, die ich seit 1987 von meiner Bank bekommen hatte. Seit dieser Zeit hatte ich keinen Urlaub mehr gemacht. Ich hatte den Ausspruch meines Vaters beherzigt, der gesagt hatte:»Wenn man Schulden hat, macht man keinen Urlaub.« Liebes Goldkind, Punkt.

Im Oktober fuhr ich nach sieben Jahren zum ersten Mal wieder in Urlaub und zum ersten Mal in die Toskana. Dort mietete ich mir ein Haus für mich allein mit drei Schlafzimmern, zwei Bädern und einem unendlichen Weitblick. Keine übervollen Bücherregale, kein Computer, der mich anknottert, keine Post, kein Telefon. Stille.

Seit dieser Zeit fahre ich jedes Jahr dorthin und ge-

nieße das Leben. Es muß einmal im Jahr eine Phase geben, in der ich mit niemandem spreche, in der ich entscheide, ob ich im Haus bleibe und stundenlang lese.
Oder ich singe zu Platten und probe meine Arien, so
laut, daß mir die Bauern von den umliegenden Wein-
hügeln freundlich zuwinken.

Dann fahre ich zum Markt und hole mir frisches
Gemüse und toten Fisch. Ich koche, bin viel unterwegs, besichtige die schönen alten Städte wie Lucca,
Siena, Arezzo und Perugia. Oder ich fahre über Land
und suche Gärten. Ich bin immer ganz zufrieden, räume in mir auf, schöpfe Kraft für das kommende Ar-
beitsjahr. Ich trenne mich jedes Mal ganz schwer von
dieser Landschaft. Ein Elixier!

Medienknall

Accelerando — schneller werdend

Im Juli 1996 veranstalteten die Frankfurter Frauenbetriebe ihre erste Unternehmerinnenmesse. Ich meldete mich an und war mit fünfzig Mark dabei. Dafür gab es einen schwarzen Tisch, zwei schwarze Stühle und zwei weiße Stellwände, ganz meine Farben. Ich entschied mich in Schwarz zu erscheinen, schwarz wie ein Leitzordner. Den schwarzen Notenständer aus Ebenholz brachte ich mit und legte zum Verteilen meine Flyer aus. Einen davon hatte ich auf 50 x 70 cm vergrößert und an die Stellwand gehängt. Es gab viel zu lesen. Erstaunlicherweise blieben alle stehen und lasen, was dazu führte, daß ich sieben Stunden lang ununterbrochen redete. Aber das bin ich gewöhnt. Die Frankfurter Oberbürgermeisterin Petra Roth fragte interessiert:»Kann man mit Ordnung tatsächlich Geld verdienen?«

Man kann! Ich hatte wirklich eine Menge Glück. Die »Frankfurter Rundschau« berichtete über mich und mein Geschäft mit der Ordnung auf einer halben Seite mit Foto. Das Telefon stand nicht mehr still. Eine der Anruferinnen war Lis Droste von »Stil & Etikette« in Frankfurt. Sie wollte ihr Büro geordnet haben. Bis heute lebt sie meine Methode A-P-DOK® und hat ein elegantes Büro. Sie gab den Hinweis über mich an die dpa weiter.

Die dpa machte ein Interview mit mir, das über die Ticker an alle Redaktionen ging. Dieser Artikel erschien am 10.9.1996, und schon am nächsten Tag rief mich der Assistent von Talkmasterin Schreinemakers an und fragte, ob ich mit meiner Marktlücke bereits im Fernsehen gewesen sei. Ich verneinte. Er fragte mich, ob ich morgen, am 12. September, in die Sendung nach Köln kommen könnte. »Wir wollen die ersten sein, die Sie veröffentlichen.«

Natürlich konnte ich. Um sechzehn Uhr fuhr ich in Frankfurt los, um rechtzeitig dort zu sein. Ich geriet in einen vierstündigen Stau. Um zwanzig Uhr war ich am Kölner Hauptbahnhof. Jeder weiß, wenn man in eine solche Sendung zu spät kommt, ist es aus. Mein Glück war, daß mein Auftritt erst gegen zweiundzwanzig Uhr eingeplant war.

Ich engagierte kurz entschlossen einen Taxilotsen, und wir sausten in halsbrecherischem Tempo quer durch Köln. Kaum aus dem Auto, nahm mich der Assistent im Laufschritt beim Arm und brachte mich in die

Maske, wo ich richtig schön eingemörtelt wurde. Ich wurde verkabelt und war bereit für den Auftritt. Es gab keine Gelegenheit, Frau Schreinemakers vorher zu sprechen. Es war auch keine Zeit mehr für eine Einweisung auf dem Podium. Der Assistent hatte mich gebeten, wegen des Scheinwerferlichts keine Kleidung mit wilden Vasarelymustern und kein Schwarz zu tragen. Ich hatte einen schwarzen Hosenanzug an mit blauem Schal, schließlich war die Farbe Schwarz meine CI – Corporate Identity. Umziehen ging nicht, ich hatte nichts anderes dabei.

Um mich wurstelten die Assistentinnen herum mit Puder und Quaste, mit Kaffee und Wasser, und fragten mich alle drei Sekunden, ob ich aufgeregt sei. Natürlich nicht. Ich fragte einen Kameramann, wie viele Zuschauer wohl eingeschaltet hätten? Eine Million? »Nein, vier Millionen!«

Schon war ich draußen, trat nirgends daneben, fand den vorgeschriebenen Trampelpfad zu meinem Platz, grüßte alle, einschließlich Frau Schreinemakers, die in ihrer Dekoration, ein schlamperter Schreibtisch mit Radieschen und alten gammeligen Ordnern, saß, und fühlte mich wohl. Ich habe alles zur Methode A-P-DOK® gesagt, was es zu sagen gibt, habe mich nicht verhaspelt, es lief richtig gut. Ich hatte keine Sekunde Lampenfieber. Mir fielen die Worte meiner alten, zweiundneunzigjährigen Gesangslehrerin wieder ein: Alles, was man professionell sehr gut kann, am besten hundertfünfzigprozentig, darf man zeigen, auch öffentlich. Als Dank für diesen motivierenden Satz brachte ich ihr einen Blumenstrauß nach Schaffhausen mit. Vier Millionen Zuschauer. Besser konnte es gar nicht sein. Schreinemakers feierte noch bis drei Uhr und ich mit. Es gab Lachs und Champagner und Tonnen von Schnittchen. Dann fuhr ich nach Hause. In den folgenden vier Wochen gab ich zweiunddreißig Interviews live in allen möglichen Sendern, inzwischen sind es wesentlich mehr. Die Gazetten, kleine und große, »rissen« sich um mich. Über Nacht war ich bekannt. Ich genoß es, im Licht zu stehen, und ich blühte auf. Das war der Medienknall. Und der war kostenlos. Eine TV-Sendeminute kostet 6 600 Mark. Ich hätte mir das nie leisten können. Jetzt ging es richtig los.

Ich fragte mal einen der Moderatoren, warum man immer wieder mich einladen würde. Er meinte nur: »Sie haben einen hohen Unterhaltungswert. Sie reden ganze Sätze, haben Witz und Sie reden freiwillig viel.«

Erst war ich ein bißchen beleidigt. Wer ist schon gern das Zirkuspferd. Aber letztlich und ganz ehrlich hatte er recht.

Mein Produkt A-P-DOK® stellte ich allerdings immer ganz akkurat vor, immer mit den gleichen Sätzen, den gleichen Slogans: »Ich komme immer nur einmal! Meine Kunden haben keine Rückfälle.«

Mein Lieblingszitat von Josef Beuys fehlte auch nie: »Wer nicht denken will, fliegt raus.« Meine Kunden rufen an und gebrauchen meine Sätze, um zu fragen, ob das wahr sei, ob es stimme. Ich habe immer mein Wort gehalten.

Inzwischen habe ich auch gelernt, wie man sich noch besser zurechtmacht. Beim Rundfunk ist das anders, da braucht es keine Schminke, aber um so mehr das ungeschminkte Wort. Ich bin in die Studios nach Köln, Berlin und Hamburg gegangen und habe immer aus dem Stegreif losgelegt. Die Moderatoren waren meist sehr gut vorbereitet. Es gab auch Live-Sendungen, bei denen die Hörer Fragen stellen konnten.

Ich wußte stets eine Antwort und es gab auch manchmal heftiges Gelächter. Einer meiner GTZ-Kollegen rief mich empört an und sagte, er sei vor Schreck fast gegen einen Baum gefahren, als er mich um 7.21 Uhr im Radio FFH über Ordnung und Unordnung reden hörte. Mir hat der Medienrummel ungeniert viel Spaß gemacht.

Ich bin im Besitz von etwa sechzig Bändern und CDs mit Mitschnitten. Ich habe mir vorgenommen, sie anzuhören, wenn ich fünfundsiebzig Jahre alt bin und Erinnerungen brauche, und dabei einen italienischen Verdicchio zu trinken, ein paar Oliven und Crostini mit Öl und Knoblauch dazu zu essen, am liebsten auf einer Terrasse mit Weitblick in der Toskana. Ich bin mir nicht

sicher, ob mir das gelingen wird. Aber ich könnte das
auch schon mit fünfundsechzig Jahren machen, wenn
die Hand noch nicht zittert, das Ohr noch hört, die Augen noch strahlen, wenn auch durch eine Brille.

Ich habe mir unlängst noch mal das Feature »Der
Traum vom Wohnen« angehört, in dem ich erstaunli-
che Dinge über Ordnung und die Farbe Blau absonde-
re in druckreifen Sätzen.

1997 hat mich die ass.press aus München erneut
entdeckt. Der Rummel ging noch einmal von vorne
los. Meine Auftragbücher wurden voll und voller. Ich
war nun plötzlich, wirklich von einem Tag auf den anderen, ein Star. Die Firmen rissen sich um mich. Firmen oder Privatpersonen, die sich die Ordnung nicht
sofort leisten konnten, hoben sich meine Adresse auf,
klebten sie an ihre Pinnwand. Sie haben sich alle im
Laufe der Jahre gemeldet.

Ich verkaufte fast dreißig Tage im Monat. Ich traute
mich nicht, nein zu sagen. Und ich reise wie ein Welt-
meister. Alles ohne Eigenwerbung, alles ohne Kosten.
Die Medien machten für mich umsonst die Werbung.

Sie haben mich seitdem nicht mehr aus ihren Veranstaltungen, Gazetten oder Filmen gelassen. Ich stehe
für das Original der Methode A-P-DOK$^{®}$ – Die Regentschaft über das Papier.

Seitdem bin ich bekannt wie ein bunter Hund. Das
führt zu witzigen Situationen. Einmal stand ich mor-

gens um sieben Uhr angewidert auf dem Bahnsteig. Eine Pendlerin kam vorbeigehastet und blieb plötzlich wie angewurzelt stehen. In breitem Frankfurterisch rief sie:»Ei, Sie kenn isch doch, Sie warn ja bei dem Fliesche (Jürgen Fliege) in de Sendung, derf isch e Autogramm hawwe.«

Sie durfte. Ich hatte und habe keine Starfotos, da ich kein wirklicher Star bin. Die Frau gab sich mit einer unterschriebenen Visitenkarte zufrieden. Dann stand ich umringt von wartenden Fahrgästen, die mich ausfragten, was ich bei »Fliesche« gemacht hätte. Endlich fuhr der Zug ein und ich konnte flüchten.

»Mensch & Büro« hängt immer im Zug (das ist eine Zeitschrift). Darin war ein Artikel über mich mit Bild. Ein Reisender guckte mindestens zwanzigmal über den Zeitungsrand zu mir hin, bis ich stöhnte:»Ja, ich bin's.«

Er fuhr bis Hannover, das ergab drei Stunden gemeinsame Fahrt. Beim Abschied machte er mir heiter das Kompliment, so schnell seien die Stunden noch nie verflogen. Kunststück! In Hannover mußte ich einen weiteren Vortrag von zwei Stunden halten, macht unterm Strich fünf Stunden nonstop. Zu meinem Beruf gehört das Vielreden, manchmal eben auch kostenlos.

Noch eine kleine Anekdote: Ich steige in Köln in ein Taxi und bevor ich das Reiseziel sagen kann, fragt mich der Fahrer grinsend:»Wo haben Sie denn gerade aufgeräumt?« Er kaufte mir ein Buch ab, einige wenige

Exemplare habe ich bei Dienstreisen stets dabei, und
ließ es sich signieren.

Obwohl die Dinge für mich so prächtig liefen, hatte
ich immer noch meine Konkursarbeitsamtskrankheit,
immer noch Angst, die sich heute jedoch in Sorge ver-
wandelt hat. Das ist ein himmelweiter Unterschied.
Angst bremst. Sorge wandelt sich.
Sorgen sind heute mehr denn je ein ständiger Begleiter, geschäftlich wie auch privat. Wir können uns
nicht schützen. Und die Augen zumachen ist gefähr-
lich.
Ich habe ein florierendes Geschäft mit einem prä-
gnanten Produkt. Ich habe mein Ziel erreicht, alles,
aber auch wirklich alles, alleine zu erledigen. Ich habe
erreicht, daß ich kein Büro haben muß. Ich sitze an einer kleinen PC-Station, die ich dieses Jahr noch einmal
verkleinere, da ich papierlos werden will. Dann fliegen
auch meine sieben Ordner in den Orkus.
Ach ja, das Arbeitsamt hat mich als schwerstvermittelbar nie mehr angeschrieben. Sie hatten recht. Das
Arbeitsamt hätte mich nie vermittelt. Die verleihen
dort keine Flügel.
Ich bin für den normalen Bürobetrieb mit Überstunden, Betriebsrat und Jeanshosenverbot (ich trage
sowieso keine Jeans als Uniform) und familienähnli-
chen Ritualen einfach verdorben. Da läuft nichts mehr
mit oben und unten, Dreiachserfenster für den Chef

und das Zweiachserfenster für den Untergebenen, eine
Bezeichnung, die man abschaffen sollte.

Dennoch treffe ich auf eben diese Büros mit der
schon beschriebenen Ausrüstung und der dazugehöri-
gen Mentalität der Mitarbeiter. Als Lieferantin von Heil
und Ordnung habe ich allerdings einen anderen Status.
Das ist noch lange keine Freiheit. Ich weiß sowieso
nicht, was Freiheit bedeutet in unserer umklammerten
und gesetzveredelten Welt, gläsern bis in die Steuer, bis
in die Krankenkasse, jede Unkultur eingeschlossen, Bil-
dungsverlust auf allen Ebenen, und ein Mangel an Be-
nimm schon seit mindestens zwei Generationen. Da ist
mir die Freizeit lieber, in der ich machen kann, was ich
will, aber die hat noch immer nichts mit Freiheit zu
tun.

Wir sind doch alle ganz perfekt angepaßt, waschen
uns regelmäßig, tragen die angebotenen müllsackähn-
lichen Klamotten (ich nicht), zahlen jede Steuer, liefern zweiundfünfzig Prozent an die Finanzämter ab,
ohne jedes Mitspracherecht, was damit gemacht wird.
Es wird anteilig veruntreut oder für Waffenproduktio-
nen verwendet. Ich würde meinen Steueranteil gern
für die Kultur, für Musik und Bildung im weitesten
Sinne verwendet wissen. Ich denke, da müßte man
dringend aufräumen. Die Sehnsucht danach haben
ganze Völkerscharen auf unserem blauen Planeten.

Ich will mit meiner persönlichen Sicht an dieser

Stelle nicht näher auf die Unordnung der Welt eingehen. Ich werde aber vielleicht meinen Zettelkasten
über die Seilschaften der Menschen edieren. Seit 1986
sammle ich Material zu diesem Thema. Herr und
Hund, Kirche und Staat, Militär und Kirche, Macht und
Ohnmacht der Waffenindustrie, schlicht Abhängigkei-
ten. Seit 1962 sammle ich alles über die Farbe Blau. Ich
hätte Lust, ein blaues Buch nach meinen eigenen Vor-
lieben zusammenzustellen. Das hat aber noch viel Zeit.
Ich sitze sehr oft auf meinem Sofa und denke Blau. Das
Blaudenken läßt sich auch sehr gut auf die Toskana
übertragen.

Wenn ein Kunde nach lebensmunteren Gesprächen
mit mir, ausgehend von der Frage, was der Unterschied sei zwischen Chaos und Unordnung, feststellt,
daß ich eine Muse sei, bekommt er trocken zur Antwort:»Für Sie bin ich nur ein Muß, und zwar geld-
wert.« Ich gerate oft in gute Gespräche mit Mitarbeitern und deren Chefs. Es liegt sicher daran, daß ich mit
unverstelltem Blick in die Firmen gehe und ganz grad-
linig Feststellungen treffe, die kaum zu leugnen sind
und daher oft Anstoß sind für eine neue Bewegung,
eine neue Elastizität. Wenn ich das zweite Mal zur Abnahme in die Firmen komme, wird das Thema einfach
weitergesponnen. Ich genieße das und meine Fans
auch.

Was ist A-P-DOK?

Con brio — mit Schwung

Oft werde ich gefragt: »Wo haben Sie das her?«

Ich habe lange darüber nachgedacht, wie man die Papierfluten kanalisieren kann. Das Ergebnis mußte so ausfallen, daß jeder, egal in welcher Branche tätig, in die Lage versetzt wird, die Papiere kaufmännisch korrekt zuzuordnen. Ich will das Heer der individuellen Ableger reduzieren und jeden schulen, teamfähig abzulegen. Das bedeutet: nie mehr suchen, alles hat seinen Platz.

Die Lösung mußte klar und einfach sein, ohne Ausweichmöglichkeiten. Sie durfte keine großen Extrakosten verursachen. Sie mußte in jeder, wirklich in jeder Branche anwendbar sein.

Vom Chef bis zum Lehrling sollte jeder das Prinzip verstehen. Der Haupteffekt besteht in einer immensen Einsparung an Zeit, Raum und Kosten. So entstand die Methode einer dreistufigen Einteilung der Papiere, nicht zehn oder fünf, sondern einfach nur drei Stufen.

Zählen kann jeder, das Alphabet beherrscht auch jeder. So geht das. Die Methode ist simpel. Sie teilen die Papierfluten in:

A   – wie Administration, Selbstverwaltung der Firma
P   – wie Projekt oder Produkt, mit dem Sie Ihr Geld verdienen
DOK – wie Dokumentation (Literatur)

Ich verwandle meine Kunden in regierende Könige und Königinnen, die ihre Geschäftsunterlagen genau klassifizieren können.

Mosso — bewegt

Es gibt deutlich eine Sehnsucht nach Harmonie und Ordnung, gar nach Ästhetik. Schon in jungen Jahren werden schwerwiegende, ungeliebte Maßnahmen ergriffen für das ewig ungeliebte Aufräumen. Bei manchen zeigt es Erfolg, das Kind wird ordentlich. Aber durch Vorleben wird vor allem gelernt. Oft ist ein Elternteil unordentlich und verschlampt, läßt alles liegen, kümmert sich nicht um seine Sachen. Meist wird

hinterhergeräumt und meistens sind es Aufräumerin-
nen, und so lernt mancher diese Verpflichtung erst gar
nicht. Wie soll es dann im Beruf gelingen? Da haut sie
dann erst recht nicht hin, die Sache mit der Ordnung.
Sie werden im Beruf keine Methode haben, wie man
mit dem Liegengelassenen umgeht. Da springen dann
begierig die Büromaterial-Lieferanten ein, verkaufen
Ordner, Kisten und Kasten, Hängeregister und andere
Sammeltöpfe. Das Geschäft damit blüht zu Unrecht.
Die Ordnung mit dem Papier wird in dieser Präzision oder Dichte nicht gelehrt, nicht in der Universität,
nicht für Lehrlinge, nicht für Sekretärinnen.
Ich behaupte nicht, daß kaum jemand seinen Beruf
könne, niemand sein Büro führen kann. Es gäbe sonst
keine erfolgreichen Firmen. Die aufgezwungene Unordnung wird in Kauf genommen, da man sich für
eine bessere Lösung keine Zeit nimmt. So kostet es halt
Geld, aber das wird toleriert.
Unordnung schafft Druck. Es ist unangenehm und
lästig, wenn man nichts mehr findet oder nicht orten
kann, wo man das Papier vor sechs Wochen sicher versteckt hat. Pro Tag sind es im Schnitt bis zu anderthalb
Stunden, die durch Suchen verloren gehen. Das Ta-
gespensum wird nicht geschafft und mancher sitzt bis
abends spät mit einem »W« (wichtig) auf der Stirn
und holt die verlorene Zeit nach?!
Außerdem wird oft sogar die Arbeit mit nach Hause

genommen und dort in irgendeinem Zimmer eine
weitere Papierhölle aufgebaut. Die Familie schleicht
um diesen Platz herum, der leise vor sich hinstaubt, an
den sich der Vater oder die Mutter zurückzieht, anstatt
sich am familiären Leben zu beteiligen. Die Familie
wünscht sich das Zimmer zurück als Lebensplatz und
die Papiere zurück in die Firma. Ich »verbiete« ein solches Zweitlager. Es stört nur. Die Frage ist doch, ob da-
durch tatsächlich mehr Geld verdient wird.

Der Mensch nennt sich dann Chaot oder Chaotin
und schmückt sich mit dieser Eigenschaft. Chaos ver-
bindet sich aber mit Kreativität und sicherlich mit der
Welt der Philosophie. Aber die verschlamperten Büro-
tische und die vollgestapelten Fensterbänke und Fuß-
böden, die jahrealten Umzugskisten in den Ecken zeu-
gen nur von Unordnung und der Hilflosigkeit, mit ihr
umzugehen.

Die ersten Jahre bestand das Produkt ausschließlich
aus der Regentschaft über das Papier. Im Jahr 2000
kam die Regentschaft über den PC mit der A-P-
DOK$^{®}$-Methode dazu. Im PC herrscht die gleiche Unordnung, wenn nicht festgelegt wird, wie etwas abgelegt werden soll. Jeder macht das frei nach Schnauze,
und der Mitbenutzer des PC fliegt auf, denn er weiß
nicht, unter welchem Ordner der andere die Datei an-
gelegt hat.

Es gab einen Kunden, der die Methode A-P-DOK$^{®}$

haben wollte, aber erklärte, daß die Firma papierlos sei. Ich lehnte den Auftrag zunächst ab. Es stellte sich aber dann heraus, daß die achtzehn Mitarbeiter auch im PC nichts mehr fanden. Ich fuhr hin, ließ aus dem Keller ein paar alte Ordner holen. Wir haben die Methode am Papierordner geübt, und ich habe zwei Tage am Beamer gehockt, um die Dateien mit den Mitarbeitern in die Fächer A, P und DOK zu stellen. Die Aktion hat geklappt. Die Firma ist weiterhin papierlos, die Suchzeiten sind stark reduziert oder aufgehoben und die Verwaltung ist teamfähig benutzbar.

Mit A-P-DOK$^®$ im PC werden alle Dokumente und Dateien an einem Ort abgelegt und sofort wiedergefunden. Archivinseln werden damit vermieden, und das gewünschte Dokument ist sekundenschnell angezeigt. A-P-DOK$^®$ ist revisionssicher und steht allen Berechtigten im Netzwerk, Intranet und Internet zur Verfügung.

Das A-P-DOK$^®$-Baby stand nun auf zwei Beinen. Die Anmeldung beim Patentamt kam dazu. Ich erhielt ein kleines $^®$. Das Baby hatte eine Krone auf. Das Produkt gehört mir und ich brauche es mit niemandem zu teilen.

Ich habe erkannt, daß es tatsächlich funktioniert, Ordnung zu verkaufen, egal an wen. Es klappt immer. Für jeden Kunden ist es eine große Erleichterung, wenn er die Chance hat, Zeit einzusparen, die Bürostruktur zu optimieren und die Lebensqualität im Büro zu sichern. Diese Qualität ist machbar.

Marcato — markiert betont

Meine Kunden sind begeistert von der Wertschöpfung durch meine Methode. Sie erreichen bei Einhaltung der Methode einen enormen Zeitgewinn, zwei- bis dreihundert Stunden pro Person und Jahr. Kein Wunder also, daß die Kunden die Methode beibehalten.

Eine ganzheitliche »Sanierung« bedeutet immer, daß die Büros entschlackt, von Nierentischchen und alten Blumenkübeln befreit und krumme Schuhe von längst pensionierten Mitarbeitern endlich entsorgt werden. Die guten Geister einer Firma, die Putzkolonnen, gerieten immer ins Stöhnen, wenn sie feststellen mußten, daß ich wieder am Werk gewesen war. Aber danach ist es in den Büros immer hell. Teamfähigkeit und Kostenminimierung sind auch bei Abwesenheit eines Mitarbeiters gewährleistet. Es muß so sein, daß der reisende Chef, der gerade im Auto sitzt und etwas vergessen hat, anrufen und genau ansagen kann, wo die Unterlagen deponiert sind, die ihm dann gefaxt werden sollen. Wir haben das ausprobiert, es klappt.

Bei der Aktion A-P-DOK® kommen alle dran. Am Anfang steht ein zweistündiger Vortrag, um die Sprachregelung für die Arbeit festzulegen. Danach erfolgt eine Begehung der Büros, und dann geht es an die Kleinarbeit. Jeder, auch der Chef oder die Chefin, sitzt mit mir am Tisch und verschlagwortet seine Papiere, denn wir nehmen jedes Papier nur einmal in die Hand. Es wird sofort entschieden, wo das Papier hinkommt: in die Kategorie A, P oder DOK. Dann werden in der Gruppe Musterordner gebaut. Anschließend gehe ich mit jedem Mitarbeiter an seinen Platz, der nach der Methode aufgeräumt wird. Hatte ich früher ein Logbuch, erstelle ich heute für jeden Schritt Arbeitsprotokolle, die am Ende in einem Bericht zusammengefaßt werden. Alle erhalten diesen Bericht und ihre darin benannten Hausaufgaben.

Sollte Ihnen das sehr streng vorkommen, versichere ich Ihnen, daß dabei viel gelacht wird, denn gerade in Büros menschelt es gehörig. Zum Schluß frage ich jeden und jede, ob sie alles verstanden haben, und erwarte ein klares JA. Sonst heißt es: Nachsitzen. Ich meine das ernst, denn ich komme nur einmal, um meine Methode in den Köpfen zu installieren. Das zweite Mal komme ich zur Abnahme, bei der anhand des Berichts genau geprüft wird, ob alles korrekt erledigt wurde. Schließlich soll die Wertschöpfung erreicht werden.

In der Folge bietet es sich an, die Computer aufzuräumen, vorausgesetzt, daß alle die Papierform be-
herrschen. Das Sahnehäubchen ist dann die A-P-DOK®-Zertifi-
zierung ausschließlich für das Büro. Die Prozesse der
Produktabwicklung sind damit nicht gemeint. Zur Zeit
werden zwei Firmen, eine in der Schweiz und eine in
Deutschland, zertifiziert. Um das Zertifikat zu bekommen, müssen die folgenden drei Schritte vollzogen werden. Nur in dieser
Kombination wird eine ganzheitliche Lösung erreicht:

I. A-P-DOK®
    Installation der Methode per Serviceleistung und/
    oder Workshop firmenintern mit Abnahme durch
    Fa. Edith Stork
II. A-P-DOK®-PC-Version
    Installation per Schulung pro Mitarbeiter Fa. ALOS
    Schweiz + BRD mit Abnahme durch Fa. Edith Stork
III. A-P-DOK®-Zertifizierung
    via Handbuch Zertifizierung des Office-Manage-
    ments, Fa. Herrmann Industrieplanung
A-P-DOK® ist kein Baby mehr, sondern mittlerweile
ein kräftiger Racker.

Allegro — schnell

Bei meinen Wanderungen durch die Büros aller Branchen bis hin zum privaten Büro treffe ich stets die gleichen Zustände an. Als allseits bekannte Ordnungsmittel gibt es da Rollcontainer mit Hängevorrichtungen und natürlich die ewigen Plastikkörbchen. Sie kennen sie alle. Sie sitzen zehn- bis zwanzigfach gestapelt in den Regenbogenfarben auf den Sideboards, auf dem Fußboden und in den Schränken. Und in jedem Körbchen liegt etwas Diffuses. Den Entdecker- und Siegesschrei beim Heben dieser Schätze kann ich noch immer nicht unterdrücken. Drei Viertel von diesen Sammlungen wandern mit Sicherheit in den Papierkorb, und es ward Licht. Die Körbchen haben die liebreizendsten Beschriftungen, wenn sie denn überhaupt beschriftet sind. Die Schönsten davon sind:

»Erledigt sich von selbst« – ein Trugschluß,

»Liegen lassen« – bleibt sauber, staubt sich ein,

»Divers« – sehr beliebt, verloren für immer,

»In Lauerstellung« – ein Bauernfang, ein schwäbisches Körbchen, in Stuttgart gefunden.

Der ungepflegte Pflanzenkorso, sehr beliebt als Blickschutz vor unangenehmen Kollegen, vom fantasielosen Ficus benjamini bis zum glänzend geputzten Gummibaum, aber auch Züchtungsversuche von Biotomaten auf der Fensterbank in alten Joghurtbechern, all das findet sich in Büros. Ich frage mich nur, machen die das zu Hause auch so?

Eine meiner liebsten Provokationen besteht darin, bei der Begehung alle gelben und sonstigen Klebschmuddelzettel von Computern abzureißen und genüßlich wegzuwerfen. Ich mache das stets äußerst liebenswürdig, lächle dabei und weiß doch, daß mich die Damen und Herren gern mit heißem Käse erschlagen würden.

Nachrichten klebt man nicht irgendwohin, sondern man schreibt sie auf und legt sie in eine Mappe, die parat liegt. Die Fransen aus Klebezetteln an den Korkpinnwänden sind meist zwei bis drei Jahre alt. Nachrichten gehören nicht kilometerlang an Wände geklebt. Ausnahmen gelten nur für die Pinnwände oder Magnetbänder der Architekten und Straßenbauer.

Vielleicht gehören Sie zu den Menschen, die auch zu Hause ihren Kühlschrank zupflastern, weil sie kein Papier haben. Das ist privat und okay. Wenn so was im Büro passiert – die Papierklebeorgie im Dutzend und mehr –, ist das nicht originell, sondern einfach unschön.

Die Sideboards werden oft zweckentfremdet, ja zugemüllt mit Osterhasen und Geschenkpapier, halb abgebrannten Adventskerzen und zwei Paar Sommerschlappen. Und die Ordner, die eigentlich in das Sideboard gehören, die stehen obendrauf, weil kein Platz da ist, oder es wird, was ganz toll ist, ein neues Regal bestellt. Ein untrügliches Zeichen, daß noch zu viel Geld da ist. Statt vergammelter Pinnwände kann man auch mal ein gerahmtes Bild aufhängen. So wird das Büro tatsächlich verschönt.

Gegen eine intimere Büroeinrichtung ist nichts einzuwenden, aber es muß nicht notwendigerweise wie ein Wohnzimmer gestaltet sein, zum Beispiel voll mit Elchen aus Plüsch in allen Größen. Überhaupt gibt es eine Menge kleiner Plüsch- und Stoffungeheuer, die fröhlich auf Computern hocken.

Kleine Container dienen als Druckerabstellplatz oder als Unterstelltisch für klobige Pflanzen. Bei jedem Umzug werden zusätzliche Kleinmöbel bestellt. Der Computer soll angeblich die Papierflut eindämmen. Statt dessen erhöhen sich monatlich die Papierbestellungen um 40 000 Blatt. Gehören Sie auch zu den E-Mail-Ausdruckern, die behaupten, sie müßten das Blatt in der Hand oder vor sich auf dem Tisch liegen haben?

Mit A-P-DOK® erreicht man eine Gesundung und Erneuerung des Büros, der Raum ist saniert und aufgeräumt, die Ordner sind methodisch gleich geordnet. Die Putzfrau kann richtig wischen, und Sie sehen Ihre Tischplatte wieder. Der geldwerte Effekt liegt in einer optimalen Nutzung von Raum, Zeit und Personen. Im

Büro steht alles wieder funktional am Platz, es wird nicht mehr gesucht. Alle Mitarbeiter haben dieselbe Methode, ihre Papiere zu verwalten. Alle kennen das Ritual und kennen außerdem die Verschlagwortung, die eine ganz große Rolle spielt.

Es gibt zum Beispiel für eine Gesprächsnotiz folgende Möglichkeiten, sie anders zu bezeichnen: Aktennotiz, Memo, Notiz, es kann auch ein Protokoll oder ein Besuchsbericht sein. Die Gruppe muß sich entscheiden, damit alle den gleichen Begriff benutzen.

Die Ordnung zieht ein, Unordnung und Stapel sind verpönt. Endlich ist Raum für das kreative Chaos, für die Umsetzung von Visionen ohne Störung durch Unordnung. Sie haben endlich Zeit.

Sie können selbstverständlich auch nach Hause gehen, wenn Sie mehr Zeit haben, sage ich immer, aber ohne Ihren Aktenkoffer und ohne »W« auf der Stirn.

Folgendes Zitat hängte mir ein humorvoller Kunde an die Tür zu seinem Büro kurz vor dem Start meiner Aktion bei ihm. Irgendwie hat es mir gefallen.

Und aus dem Chaos sprach eine Stimme zu mir:
Lächle und sei froh,
es könnte schlimmer kommen,
und ich lächelte und war froh,
und es kam Frau Edith Stork.

Auftritte und Vorträge

Energico — kraftvoll entschlossen

Jetzt war ich bekannt. Ich bot auch Referate an von zwei bis vier Stunden. Verbände haben sich daraufhin gemeldet, die das Thema als Anregung für ihre Mitglieder haben wollten. So etwas habe ich immer gern gemacht. Ich erinnere mich an einen Berufsverband, dessen Vorsitzender mir mitteilte, daß am Abend zwanzig Mitglieder kommen würden. Am Abend zuvor war ich im Fernsehen gewesen. So saßen dann letztlich fünfundachtzig Mitglieder eng in Reihen gepfercht. Der Hausmeister half mit fünfundsechzig Stühlen aus.

Auch die Netzwerkfrauen entdeckten mich und luden mich als Powerfrau ein, meinen Vortrag zu halten. Den Ausdruck Powerfrau mag ich eigentlich gar nicht, übersetzt hieße das: Kraftfrau. Ich halte mich für eine ganz normale Unternehmerin, allerdings mit einem vollkommen neuen Produkt.

Für Existenzgründer bin ich oft ein Retter in der Not. Zumal sie oft nicht wissen, wie Büros eingerichtet werden müssen: klein, funktional und mit Mindestausstattung, einen Raum für das Archiv nicht zu vergessen. Die wenigsten Existenzgründer wissen, wie sie die Kosten klein halten und wie »Büro geht«.

In der »Frankfurter Allgemeinen Zeitung« las ich einen Artikel über ein Institut für Unternehmerisches Handeln. Das interessierte mich. Ich fragte mich durch und geriet endlich an den Professor, der dieses Institut leitet. Ich fragte, ob er seinen Studenten auch beibringe, »wie Büro geht«. Nachdem er verneinte, bot ich ihm an, ihm mein A-P-DOK® vorzustellen.

Inzwischen habe ich in seinem Professorenbüro und Sekretariat meine Methode eingeführt, ein Referat im Existenzgründerseminar für die Studenten gehalten und man staune, er hat mich seiner Frau zum Geburtstag geschenkt: ein Tag Ordnung fürs häusliche Büro. So macht das Aufräumen Spaß.

Parlando — sprechender Vortrag

Bei mir kommt die Ordnung nie mit Zwang und brottrocken daher. Für meinen vierstündigen Vortrag über Ordnung mit Methode habe ich mir Sokrates als Begleiter ausgesucht. Er sitzt bei dem Vortrag dabei und drängt sich zynisch und humorvoll in die Rede mit Zitaten von Aristoteles, Crescenzo, Platon und Tom Voltz. Kommentar eines Zuhörers:»Ich wußte gar nicht, daß Philosophie so einfach ist.« Ja, dann! Ein schönes Kompliment. Dazu fällt mir der Spruch von Auguste Renoir ein: Wenn's Malen so einfach wäre, die Luder malten alle.

Eines meiner schönsten Erlebnisse war der Auftritt im Hedi-Wettstein-Theater, einem kleinen Jugendstiltheater. Ich konnte meinen Vortrag auf einer kleinen Bühne präsentieren. Der Veranstalter Charles Krabichler hatte noch nie einen Event mit dem Thema »Ordnung verkaufen« auf die Bühne gebracht. Unsere ersten Gespräche liefen gut, aber vorsichtig. Würden die Leute kommen?

Ein schwieriges Thema war das, speziell für die Schweiz. Es mußte eine eindrucksvolle Einladungskarte her. Wie es immer so ist, ging es vor allem um die Kosten, die »eingespielt« werden mußten.

Außerdem bestellte ich bei ihm einen Sokrates, der hochdeutsch spricht. Einen Sokrates mit Dialekt, egal welchen, hätte ich nicht passend gefunden.

Charles Krabichler lieferte den Schauspieler Otto Edelmann. Nach der Begrüßung saßen wir zu dritt zusammen. Während wir redeten, musterte ich den Schauspieler. Ich erkannte ihn wieder. Er hatte in Frankfurt in der Katakombe unter Marcel Schilb im

»Schloß Gripsholm« von Tucholsky mitgespielt. Ich wußte sogar noch den Namen seiner damaligen Freundin. Aber das war fünfunddreißig Jahre her. Was dann abging, ließ Charles Krabichler mit offenem Mund verstummen. Er sagte eine ganze Weile gar nichts mehr. Wir setzten das Puzzle zusammen, tauschten Erlebnisse aus dieser Zeit aus. Otto Edelmann erkannte mich nicht. Ich muß mich total verändert haben, trotz meiner roten Haare, die doch ein deutliches Merkmal sind. Auch meine Augen sind immer noch blau, aber ich bin nicht mehr so blauäugig.

Wir mußten nicht proben, die Regieanweisungen konnten routiniert besprochen werden. Alle Texte, die vorgetragen werden sollten, hatte ich bereits herausgesucht und festgelegt, an welcher Stelle der Vortrag von Sokrates unterbrochen werden sollte.

Es konnte losgehen, die Einladungen waren gut angenommen worden. Das Haus war voll. Charles Krabichler saß in der letzten Reihe. Ich bin sicher, er hat bis zur Pause noch gedacht, es geht schief mit diesem haarigen Thema, zumal er mich vorher nie gehört oder gesehen hatte. Ein Akt von Vertrauen, vielleicht auch ein bißchen Mut zur ordentlichen Lücke.

Auf der Bühne stand ein richtig verlauster Schreibtisch mit zerfledderten Ordnern, in einer Ecke trocknete eine Pflanze vor sich hin. Davor war noch das Flipchart für mein Organigramm aufgebaut. In der ande-

ren Ecke stand der Ohrensessel von Sokrates, die Lese-
lampe und sein Büchertisch mit schlauen Büchern. Ich
erschien im schwarzseidenen Hosenanzug mit
schwarzen Barockschuhen und vollroter Mähne und
legte los. Mein Publikum hat fröhlich zugehört, es ging
mit. Sokrates hat »abgeräumt«, denn alle hatten Spaß
an den witzigen Einschüben aus der Philosophie. Ich
gab noch einen Hauch Xanthippe dazu. Sie war das
zänkische Weib des Sokrates. Die beiden hatten übrigens drei Kinder. Es muß zwischendrin auch mal
schön gewesen sein. Das Thema war wie immer: Teamfähigkeit und Kostenminimierung im Office-Management. Offensichtlich war es fesselnd, trotz der vier
Stunden.

Und wie es im Theater so ist, gibt's immer welche,
die selig schlafen. Ich entdeckte sie und deutete dem
Publikum an, sich völlig ruhig zu verhalten, kein Ra-
scheln, kein Husten, kein privates Geraunze. Ich hörte
auf zu reden. Es entstand eine neue Atmosphäre, einfach Stille. Davon wachten die Schläfer auf. Ich begrüß-
te sie freundlich und sagte, ich hätte hundertzwanzig
Ohren bestellt, im Moment seien es nur hundertsech-
zehn. Die Ohren waren wieder dabei. Gelächter.

Zum Schluß erhielt jeder ein blaues Jojo als Metapher, denn: Wer spielen will, muß das Fädchen immer
wieder aufwickeln. Wer Ordnung haben will, muß immer wieder Disziplin einsetzen. Im Foyer standen dann

sechzig Menschen und hatten ein Jojo am Finger und spielten. Ein schöner Anblick, er gefiel mir. Die Besucher blieben, und so dauerte die Party bis Mitternacht, obwohl wir einfach unterstellt hatten, Sokrates sei Vegetarier gewesen. Es gab daher nur Wasser, trockenen Weißwein und vegetarische Küchli. Und mir taten die Füße weh, sechs Stunden stehen war entschieden zu viel.

Ich wurde über die Methode A-P-DOK$^®$ ausgefragt, aber auch darüber, wo ich ausgebildet worden sei, so zu sprechen und zu agieren. Keine Ausbildung! Sie erinnern sich an meine Anfänge.

Herr Krabichler war sehr zufrieden. Diesen Event habe ich noch mehrere Male verkaufen können, mit gleichem Tenor, mit gleicher Potenz, aber am besten war der Auftritt am Hedi-Wettstein-Theater.

Was mich beeindruckt, ist, daß das Publikum bereit ist, mir vier Stunden mit nur einer Pause zuzuhören. Ein unbeabsichtigter Nebeneffekt ist, daß Menschen, die mir zuhörten, anschließend anfangen aufzuräumen, in Kellern und Kisten. So erhalte ich Anrufe wie: »Wie haben Sie das gemacht, mein Mann räumt den Keller auf.«

Er räumt sich auf! Und die Preziosen seiner Ahnen und wahrscheinlich auch »Schutt« aus dem 21. Jahrhundert. Dafür berechne ich kein Honorar.

Bücher schreiben

Forzato — betont, akzentuiert

Mit fünfzehn Jahren wollte ich Schriftstellerin werden, über romantische Themen schreiben wie die Liebe, das Glück, und zum Schluß mußte sich das Paar kriegen. Das ist mir abhanden gekommen. Nach meinem ersten TV-Auftritt meldete sich eine Lektorin vom Beltz-Verlag bei mir. Sie ist einer der hartnäckigsten Menschen, die ich kenne. Sie wollte ein Buch von mir, und ich wollte kein Buch schreiben. Ich denke, daß sie mich sehr geschickt eingefangen hat. Denn schließlich gab es einen Vertrag und einen Abgabetermin: März 1997. Es gab kein Entrinnen. Das Exposé hatte fünfundachtzig Titel, aber keiner davon war für mich stimmig, auch für meine freundlich-strenge Lektorin nicht. Heute bin ich dankbar für das unerbittliche Ringen des Verlages.

Nach zähem inneren Kampf entschloß ich mich, das Buch entlang des Alphabets zu schreiben. Zu jedem Buchstaben ein Kapitel.

Einem empörten Lehrer, der dann mein Buch gelesen hat, war diese Anordnung unerträglich. Er schimpfte schriftlich. Thema des Buches aber ist die Methode A-P-DOK®, bei der das Alphabet für die Verschlagwortung eine große Rolle spielt. Keine allgemeingültige Beschreibung, sondern eine Ergänzung zu meiner Methode, eine Lesehilfe und für die autodidaktischen Bürokünstler eine gute Art, die Methode zu lernen und umzusetzen.

Ich bin keine Schriftstellerin, sondern war zunächst eine blutige Anfängerin und hatte eine fatale Schreibhemmung. Man erklärte mir, das hätten alle, es sei nichts Ungewöhnliches. Ich lag wochenlang auf meinem blauen Denksofa und mir fiel einfach nichts, aber auch gar nichts ein. Die weihnachtlichen Feiertage waren sehr ruhig. Ich bildete mir ein, bei Kerzenlicht und einem Hühnerbein, einem Glas trockenen italienischen Weißweins, klassischer Musik im Hintergrund, immer Don Giovanni, den ich nie nebenher hören kann, könnte ich, umhüllt von Wohlklängen und -gerüchen, das Buch fleißig beginnen. Doch nichts passierte. Ich gab mich verzweifelt den weihnachtlichen Sissifilmen hin, schon siebenundzwanzigmal gesehen, aber immer wieder schön. Ich stillte mein Kitschbedürfnis, aber nicht das Bedürfnis meiner Lektorin.

Weil ich mit meiner Schreibhemmung nicht allein sein wollte, holte ich mir das Buch »Im Schreiben zu

Hause – Wie Schriftsteller zu Werke gehen«, in dem die weltberühmte Zunft der Schriftsteller darstellt, wie man das Schreiben zelebriert. Eine Eigenschaft hatte ich mit fast allen illustren Schreibern und Schreiberinnen gemeinsam, aber eben nur diese: Sie schreiben ihre Manuskripte und Bücher von Hand. Das wollte ich auch. Im Vertrag stand, daß ich das Manuskript in handschriftlicher Ausführung abgeben dürfte. Ich habe dann anschließend fünfzehn Bleistifte zu Stummeln geschrieben. Jeder Stift war mal dran. Immerhin sind Griffel und Bleistift die ersten Schreibgeräte, die einem gut in der Hand liegen. Für mich bedeutet das Schreiben von Hand Genuß und Luxus. Einfach schreiben mit Sinnen. Außerdem kann ich am PC nicht dichten.

Das erhoffte Wunder geschah. Ich gab das Manuskript pünktlich ab mit allen Bildnachweisen und Zitaten. Es war verschlagwortet und alphabetisch verlascht, schlicht: ein Unikum. Ich fand mich originell. Meine Lektorin fand das nicht. Sie übte sich in hoher Diplomatie und das Buch wurde gemacht.

Der Drucker lehnte mein scheinbar seltsames Machwerk ab, er weigerte sich, diesen Ordner mit meinen handgeschriebenen Seiten in den Umbruch zu setzen. Beltz gab das Werk an eine clevere Layouterin, so daß das Buch das Ergebnis einer reinen Frauenarbeit ist. Das gefiel mir. Über den Titel des Buches wurde so lange heftig gestritten, bis alle Beteiligten zufrieden waren. Sie erinnern sich ... im ersten Kapitel? Dickkopf.

Nachdem das Buch »geboren« war, wollte ich gar nichts mehr damit zu tun haben, mir fiel es sogar schwer, es zu lesen. Ich kannte mich im Buch nicht mehr aus, das änderte sich erst mit der zweiten Auflage. Auch dieses Phänomen scheint nicht selten zu sein.

Auf der Frankfurter Buchmesse 1997 war mein Buch ausgestellt. Es gab Presse- und Rundfunkinterviews. Ich fühlte mich in meinem Element.

Dennoch wollte ich nie mehr ein Buch schreiben. Aber damit mir die Abenteuer nicht ausgehen, hat sich ein paar Jahre später ein anderer Verlag bei mir gemeldet. Das war 2001. Wir führten die unerläßlichen Gespräche. Das Thema war klar: »Eine Frau räumt auf«. Ich schrieb ein Exposé, das mir nicht gefiel. Ich bröselte ein ganzes Jahr herum. Ein neues Exposé entstand in der flirrend weichen Luft der Toskana bei einer Flasche samtigen Rotweins Bentivoglio und dem unendlichen Weitblick in die Schönheit des Landes mit den zarten blauen Silhouetten der Berge. Dort wollte ich schreiben, ehrlich, aber dann war mir so leicht zumute und ich genoß die Toskana volle vier Wochen. Und geriet ins Schleudern mit meinen Terminen.

Ich brauchte zum Schreiben einen Platz an der Luft, hoch oben über den Dächern, und den Weitblick. Ich bilde mir ein, daß dann zum Denken mehr Platz ist.

Eine Freundin, deren Wohnung in Bad Nauheim genau diese Bedingungen erfüllt, stellte mir tagsüber ihren Schreibbalkon zur Verfügung. Am Anfang schrieb ich ziemlich angewidert vor mich hin. Ich wollte nicht, aber ich mußte. Mit etwas Disziplin ging es dann doch voran. Und so saß ich an den letzten Oktobertagen, eingewickelt in Decken, dort. Es ist nicht einfach, sich selbst zu beschreiben. Sollte ich stolz sein, die unwirtlichen Katarakte von Konkurs und Niederlage überwunden zu haben, stolz auf den Erfolg, nach dem Abstieg den Einstieg und den Aufstieg geschafft zu haben? Ich wollte doch nur wieder richtig leben. Längst habe ich die Bitternis der Niederlage überwunden. Ich habe mich erholt. Mein Gesicht bekam wieder einen anderen Ausdruck. Mir hätte nichts Besseres passieren können. Das ist die unverblümte Realität.

Ein weiteres Buch mit dem Arbeitstitel »Die Zurichtung des Menschen im Büro«, nein, nicht Abrichtung, Zurichtung reicht schon, für den Beltz-Verlag liegt bereits handgeschrieben vor. Das Thema hat eine gewisse Brisanz und ist in der Substanz nicht verfehlt, aber ich gehe noch nicht freundlich genug mit diesem Thema um. Es fehlt der Weichzeichner. Schließlich ist es eine tiefgehende Recherche durch die Welt der Büros zurück bis zu den Ägyptern, den Römern, den Fuggern. Ich werde mich in einen fröhlichen Wanderer verwandeln. Ich bin wirklich selbst gespannt, ob mir mit viel Humor eine gescheite Arabeske zu unseren Bürokriegsschauplätzen gelingt.

So sitzt ein weiterer Buchberg vor mir, der bestiegen werden muß. Es wäre ein stiller Wunsch von mir, mich zurückziehen zu dürfen und nur zu denken, zu schreiben, zu singen, singen ohn' Unterlaß, mal liegend auf einem blauen Sofa, mal stehend neben einem Flügel oder so ähnlich wie bei Zuckmayer:»Wenige gut gemachte Möbel; ein Schreibtisch mit Akten, Broschüren, Telefon, viel Rauchzeug, eine Couch mit Kamelhaardecken, ein Grammophon.«

Ich habe einen großen Topf mit Bleistiften, noch von meinem Vater, etwa achtzig an der Zahl, die es gilt zu Stummeln zu schreiben. Es wird mir ein Vergnügen sein.

A-P-DOK wächst – Seminare

Attacca — ohne Unterbrechung weiterspielen

Am Anfang war die Papierwelt. Ich brachte die Methode A-P-DOK® immer ganzheitlich in die Firmen ein. Es reichte mir völlig, nur für die Papierfluten zuständig zu sein. Das heißt, ich wollte diese Serviceleistung gar nicht verändern. Da rief mich ein kostenbewußter Kunde an und fragte nach meinem Seminarangebot; er könnte sich die Serviceleistung mit einem tagelangen Aufenthalt in seiner Firma nicht leisten. Bislang gab es das noch nicht in meinem Angebot. Aber es dauerte nicht lange, da existierten vierstündige Seminare: Vortrag und Musterordner bauen. Es folgten die Tagesseminare in den Firmen, sogenannte Inhouse-Seminare. Dann meldeten sich unaufgefordert Universitäten, Institute und Akademien in Bremen, Frankfurt, Mainz, Zürich, Köln und anderen Städten.

Das A-P-DOK®-System breitete sich aus. Eines Tages saß ich in der Kantine einer Firma in Einsiedeln. Dort

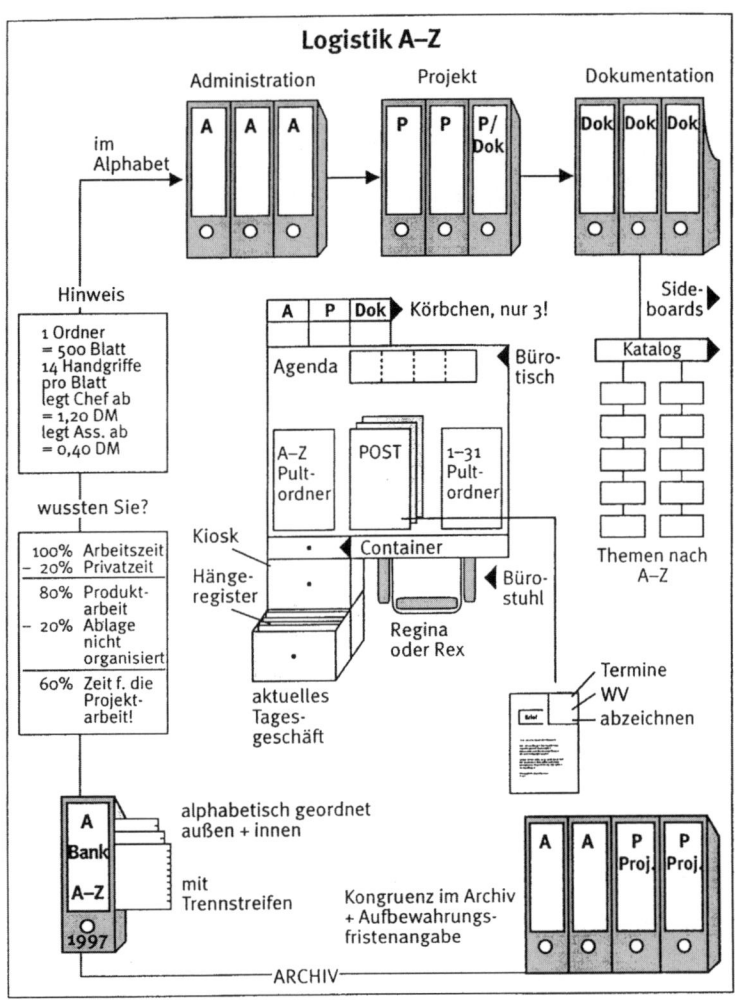

sprach mich ein Herr an, stellte sich als Auditor für Qualitätsmanagement vor und fragte mich, ob ich schon einmal über eine Zertifizierung von A-P-DOK® nachgedacht hätte. Hatte ich nicht. Er hatte mein Buch gelesen und war zu dem Schluß gekommen, daß meine Methode die ISO Norm 9000 der Dokumentenverwaltung Nummer 4.5 und Nummer 4.16 genau abbildete, also eine perfekte Dokumentenverwaltung aufzeigt. Da blieb mir doch der Mund offen. Das bedeutet, daß jedes Büro, das die Dokumente nach meiner Methode verwaltet und lenkt, optimal organisiert ist. Besser geht's nicht.

Die Firma Herrmann Industrieplanung arbeitete zur gleichen Zeit wie ich bei diesem Schweizer Kunden. Aber wir trafen uns erst in Frankfurt wieder, um unsere Strategien zu entwickeln, wie die Deutsche Gesellschaft zur Zertifizierung von Managementsystemen (DQS) in Frankfurt zu überzeugen sei, daß man das Office-Management gesondert zertifizieren kann und nicht nur die Produktprozesse einer Firma.

Wir trafen uns stets in der Autorenbar des »Frankfurter Hofes« für unsere Absprachen. Bei manchen Kunden ruft das Erstaunen hervor. Aber ich kann nicht alle in meine privaten blauen Gemächer einladen. Sie würden dann ja nie wieder gehen wollen. Blau!

Es hat zwei Jahre gedauert, bis wir die Zertifizierung für A-P-DOK® durchgeboxt hatten.

Noch eine Bastion sollte fallen: A-P-DOK® im PC. Ich wollte zuerst gar nichts damit zu tun haben, denn ich stand nach wie vor auf Kriegsfuß mit dem Computer. Ich bin inzwischen im Umgang mit ihm besser geworden, aber er haßt mich. Das beruht auf Gegenseitigkeit. E-Mails immerhin weiß ich inzwischen zu schätzen.

Aufgrund der vielen Anfragen begab ich mich dann doch auf das Glatteis. Mein Schweizer Kunde, der das wußte, lud zu einem Besprechungstermin den Chef eines führenden Softwarehauses ein. Alea iacta est! Das sagte Caesar, als er den Rubikon überschritt.

Heute kann man auch A-P-DOK® für den PC kaufen. Ich installiere das nicht selbst, das macht die Softwarefirma. Es macht Sinn, die Büros erst im Papierfeld aufzuräumen, so daß alle das System kennen und leben. Wenn das eingetreten ist, ist die Übertragung von A-P-DOK® auf den PC ein Kinderspiel.

A-P-DOK® tanzt nun auf allen Hochzeiten: Papier, PC, Zertifizierung, Seminare, Referate, Events und das alles ohne Pause. Und ganz wichtig: Ich mache alles allein!

Ich glaubte schon, mehr kann es nicht werden. Aber es gibt immer wieder neue Herausforderungen.

Wie läßt sich eine Firma mit 500, 1000 oder mehr Mitarbeitern mit meiner Methode auf den Weg in die organisierte Ordnung bringen? Für mich allein ist das nicht zu schaffen. Ich müßte dann lange Jahre in einer Firma arbeiten, mindestens bis ich neunzig Jahre bin. Einfach unmöglich. Falls ich neunzig werde, möchte ich in einer Sänfte ohne jeden Lärm in schönen Landschaften herumgetragen werden.

Normalerweise arbeite ich nicht in meinen Ferien, aber dieses Mal lud ich die Schweizer Trainerin Barbara Illi ein, mit mir nachzudenken. 2002 entstand so in der Toskana bei schönstem Wetter das A-P-DOK-TTT-Projekt. Ich bilde Frauen darin aus, meine Methode über Seminare weiter zu vermitteln. Multiplikatoren also. Diese so genannten TTT-Damen bleiben in der jeweiligen Firma weiterhin angestellt. Sie unterschreiben einen Revers, daß sie das nicht außerhalb der Firma machen dürfen. Ich halte meine Referate und sorge durch eine regelmäßige Kontrolle dafür, daß das Ziel erreicht wird. Die intern gehandhabte Verbreitung der Methode spart der Firma enorm viel Geld und Zeit. Die Umsetzung innerhalb der Firmen ist gewährleistet.

Danach erfolgt die Schulung für A-P-DOK® im PC. Wer dann noch will, kann sich zertifizieren lassen.

Vorerst nicht gelungen sind die Franchising-Versuche, also Frauen zu finden, die selbständig A-P-DOK® verkaufen. Mein System wie McDonald's zu vervielfältigen, ist gescheitert. Ich habe inzwischen lernen müssen, daß ein so stark an eine Person und Persönlichkeit gebundenes Produkt für diese Art Ausbreitung nicht geeignet ist. Nach jeder TV-Sendung, eigentlich nach allen Veröffentlichungen, erhalte ich viele Briefe von Frauen, die gern aufräumen wollen. Ich habe immer alles beantwortet und endlose Gespräche geführt, mich auch mit manchen getroffen. Schon allein die intensive Reisetätigkeit erfordert Unabhängigkeit. Der Wunsch einer Chemnitzerin, das Geschäft zeitlich zu limitieren, sie könne nur immer bis dreizehn Uhr aufräumen, da sie ihren Sohn von der Schule abholen müsse, war zum Scheitern verurteilt. Auch der Einwurf einer Dame: »Wenn ich Ihr System ein bißchen verändere, damit es besser zu mir paßt, dann könnte ich sofort anfangen«, war ziemlich blauäugig.

Als Primärberaterin habe ich natürlich den Vorteil der totalen Produktkenntnis, denn ich lebe meine Methode. Sekundärberaterinnen haben es gerade mit meinem Produkt schwieriger. Und außerdem hätte ich für das Franchising meine Unternehmensstruktur ändern müssen. Ich hätte ein Büro mieten, ein Controlling und Sekretariat aufbauen, eine Buchhaltung einrichten müssen. Eine ganze Infrastruktur wäre notwendig geworden. Gerade das wollte ich nicht, und Personal anstellen müssen schon gar nicht. Aber ich denke erneut nach. Manchmal ändern sich die Vorzeichen.

Bis heute habe ich kein Büro und seit 1993 nicht

mehr als fünf Kundenordner. Ich versuche, noch pa-
pierärmer zu werden, damit auch die letzten Ordner
verschwinden. Den ganzen Steuerkram und die Buchhaltung gebe ich außer Haus.

Das einzige, das mich überflutet, sind meine gelieb-
ten Bücher, die sich an allen Wänden tummeln. Sogar
die Türrahmen sind mit Regalen bestückt. Die Bücher
stehen dicht gedrängt und nach Themen geordnet. Inzwischen stapeln sich auch unter dem Klavier Bücher,
die ich nicht mehr unterbringen kann. Es wird Zeit,
daß ich umziehe, denn ohne Bücher kann und will ich
nicht leben. Weggeben kann ich sie auch nicht, sie sind
Freunde fürs Leben. Sie widersprechen nicht und halten, wenn sie nicht gebraucht werden, die Klappe. Auf-
geschlagen eröffnen sie dichterisches Leben.

Meine streng durchkomponierte Zeiteinteilung läßt
mir Zeit für die zweite Hälfte des Spruches: Ordnung
ist das halbe Leben. Ich habe Zeit für die Schönheiten
und Leidenschaften des Lebens.

Die Arbeit mit A-P-DOK – Ich und die Kunden

Soggetto — Hauptthema

Immer werde ich gefragt:»Wo wollen Sie bei uns anfangen?« Aus dem Vortrag wissen bereits alle, daß sie mir zuhören müssen. Dort habe ich die erste Gelegenheit, meine Kandidaten zu beobachten und einzuschätzen.

Sie sitzen da und verschicken SMS oder schreiben und zeichnen, räkeln sich oder sind ganz angewidert, sich so einen Quatsch anhören zu müssen, denn ich bin ihnen verordnet worden. Daneben sitzen welche, die interessiert zuhören. Meist kann ich früh erkennen, wo es schnell und flott klappt oder wo es haken wird und Zeit braucht. Ich liebe den persönlichen Umgang in dieser Situation, denn er gehört in das Feld der Herausforderung. Ich weiß, daß die Aktion A-P-DOK® klappt, meine Opfer aber wissen das nicht.

Wenn nach dem Referat die Begehung folgt, stürzen

alle in ihre Büros und räumen ganz schnell auf. Wenn aber zwischen Referat und der Begehungsaktion eine Woche liegt, dann machen die Mitarbeiter mit Staubsauger und Putzlappen bewaffnet Ordnung, in der Annahme, das wär's.

Es ist auch schon vorgekommen, daß ein Mitarbeiter mit zwei kleinen Eimern und zwei Lümpchen ankam, mir einen der Eimer in die Hand drückte und meinte, es könne jetzt losgehen. Ich gab den Eimer zurück und erklärte ihm, daß er putzen müsse, ich sei nur da zum Deuten. Das verblüffte Gesicht war mir eine Genugtuung! Aufräumen ist nicht Putzen.

Bei der Begehung wird nichts ausgelassen. Alles wird geöffnet und gezeigt. Ich bin nicht neugierig, aber ich will sehen, wer seine tagesaktuellen Unterlagen in seinen Schubladen versteckt oder nur so hinlegt. Es geht schließlich um Teamfähigkeit. Und dazu gehört, daß man nicht in den Schubladen der Kollegen herumwühlen muß, um etwas zu finden.

Die persönlichen Dinge, Privatdeponien, Strumpfhosen, Schokolade, Handcreme, Nähfädchen und Steuerunterlagen vom Vorjahr, Tabak und gesunde Tees sind meist irgendwie überall verteilt. Schaffen Sie sich einen Kiosk an, eine Schublade, in der Ihre privaten Schätze untergebracht sind. Schuhansammlungen für Sommer, Herbst und Winter sind auch keine Seltenheit.

Ich frage bei der Begehung immer, ob ich mich auf

den Platz des Mitarbeiters setzen darf, um den Bewegungsradius festzustellen. Damit dringe ich bereits in seine intime Sphäre ein. Jeder betrachtet seinen Platz als Privatplatz, aber ein Privatplatz ist es ohnehin nicht. Das ist ein Irrtum, alles gehört der Firma. Sie stellt den Raum und die Möbel zur Verfügung. Das heißt, die Möbel gehören nicht den Mitarbeitern. Trotzdem werden die Schränke beklebt, Tische ziemlich stark zugerichtet, die Wände verschandelt.

Ich verbanne Küchengeräte und Kaffeemaschinen in die Küche. Ich sage dann immer: »Ich höre, was Sie denken, aber ich nehme es in Kauf.«

Einmal stellte sich ein Mitarbeiter im schicken Anzug vor seine Schubladen und sagte: »Sie gehen nicht an meine Schubladen!«

Ich sagte nur: »Wann gehen Sie zu Tisch?«

Er antwortete brav: »Um zwölf Uhr.«

»Gut, dann heben wir den Schatz, wenn Sie weg sind.«

Als die Schublade geöffnet wurde, rief dann auch prompt die Sekretärin: »Ha, da sind ja die Papiere, von denen es heißt, ich hätte sie verschlampt.«

Die Schublade wurde ausgeräumt und die Papiere endlich zur Ablage freigegeben.

Nach Jahren wieder einmal die Schreibtischplatte zu sehen erfreut das Herz eines jeden Chefs. Die Schmierzettel unter der Schreibtischunterlage versuche ich immer blitzschnell oder geschickt wegzuwerfen. Da wirft sich aber jeder dazwischen. Eine Stunde später sehe ich, wie sie die vergilbten Blätter doch entsorgen.

Manche Fundsachen werden freudig begrüßt, wenn sie wieder das Tageslicht erblicken, aber die Freude währt meist nicht lange, da sie längst nicht mehr aktuell sind.

Oder diese Tragetaschen von Messebesuchen, die monatelang ungeleert in den Ecken sitzen. Sie sind einfach nichts mehr wert, die nächste Messe steht schon wieder vor der Tür.

Offene Renitenz gibt es kaum. Schließlich ist Ordnung auch an dieser Stelle ein reiner Luxus, den sich aber nach A-P-DOK® jeder leisten kann. Außerdem geht es nicht um eine Maßregelung meinerseits, sondern um eine offene, teamfähige Ablage. Im Ergebnis sehen die Büros hinterher anders aus. Sie sind wieder bewohnbar, es wird nicht mehr gehaust.

Mir ist es wichtig, daß man gleich sieht, daß ich da gewesen bin. Die Wirkung muß ins Auge fallen. Die systemische Seite, die sich im Kopf abspielt, wird natürlich im Ergebnis erst bei der Abnahme überprüfbar.

Die Hausmeister lieben mich nicht gerade, da sie oft ad hoc zupacken müssen, weil ich das Räumen oder Umsetzen von Möbeln sofort veranlasse. Sie finden auch, daß ich eigentlich nichts zu sagen habe, schließlich bin ich nicht dort angestellt.

Den von mir erwischten Volltischlern und Stapelbesitzern setze ich alle auffindbaren Stapel auf einen Besuchertisch, so daß sie für alle gut sichtbar sind. Bei fünfzig Zentimeter Höhe pro Stapel und 1,20 Meter Breite ergibt das ungefähr den Inhalt von siebzig Ordnern. Zehn Zentimeter Höhe entsprechen dem Inhalt eines Ordners. Der Witz besteht darin, daß es einen Anstoß braucht. Der Leidensdruck, nichts mehr zu finden und nur noch suchen zu müssen, ist so groß, daß die angebotene Lösung gern angenommen wird.

Wichtig für mich ist auch, humorvoll mit den Menschen umzugehen, die in den Büros täglich einen Großteil ihrer Lebenszeit verbringen, sie zu lehren, wie man das Papier für immer regiert.

Doloroso — schmerzvoll

Einmal flatterten mir acht orange Kanarienvögel entgegen. Ich weiß, daß sie andere Vögel zum Singen animieren, aber ich wollte ins Büro, um aufzuräumen, und nicht, um zu singen. Ich bat die Mitarbeiter, mir alle Ordner aus der Bürovoliere sauber abgewischt zu bringen. Wir haben A-P-DOK® etabliert. Die Vögel aber fliegen wahrscheinlich immer noch dort herum.

Inzwischen bin ich bei den Aktionen schneller geworden. Es kostet mich aber nach wie vor viel Kraft, für mehrere Tage das Alphatier zu sein. Unermüdlich aufmerksam, damit mir nichts entgeht. Dabei hilft mir mein visuelles Gedächtnis, das mir ermöglicht, noch nach Jahren zu wissen, was wir an den verschiedensten Plätzen organisiert haben.

Sie kennen diese Laschen in allen Regenbogenfarben, etwas länger als ein Fensterumschlag, gelocht? Beim Anlegen der ersten Ordner beschrifte ich diese Laschen selbst in Versalien mit schwarzem Filzstift. Ein Kunde hat mir zwei Jahre lang unbeschriftete Laschen geschickt und auf einer Liste die Begriffe, damit ich sie mit meiner Handschrift weiterhin beschrifte. Das passiert, wenn man gutmütig ist. Das Abonnement ist jetzt eingestellt.

Wenn es darum geht, Ausnahmen zu machen, bin ich ganz unerbittlich. Wir diskutieren ganz zauberhaft, ganz konziliant, ich setze mich aber immer durch. Alles muß in den Kontext der Methode passen. Denn das Ziel ist, pro Mitarbeiter und Jahr zwei- bis dreihundert Stunden einzusparen.

Zum Thema Sparen oder Bewahren: Ein Ereignis ist mir da in Erinnerung geblieben. Ich werfe ungefragt nie etwas weg, mit Ausnahme der gelben Klebezettel, aber es gibt gemeinschaftliche Entscheidungen. So hatten wir bei einem Kunden alte Hefter aus buntem Pa-

pierkarton mit Vierer-Lochung, an den Ecken ausge-
franst und angebissen, in einen großen Müllcontainer
auf dem Flur entsorgt. In der Mittagspause gingen Scha-
ren von männlichen Mitarbeitern daran vorbei, und da
sah ich doch, wie vier davon mit den Oberkörpern in
der Mulde hingen, denn ich zählte acht Beine. Sie hol-
ten die alten Pappdeckel wieder hervor und meinten,
die seien ja noch ganz gut und ich hätte mindestens
fünf brasilianische Bäume vernichtet. Ohnmacht!
Es gab eine schweizerische Papiermüllsitzung, die
mir im Ergebnis auferlegte, nichts Wertvolles zu entsorgen. So entstand eine Art Tombala mit alten Ordnern, alten Geräten, Stenoretten, gammeligen verzoge-
nen Plastikordnern, funktionsuntüchtigen Tischlam-
pen. Studenten und Schüler deckten sich damit ein. Ich
fürchte, das alte Zeug ist immer noch privat in Betrieb.
Ich hoffe, ich begegne diesem Müll nicht noch einmal
bei einem Privatkunden.

Notturno — Nachtmusik

Nach der TV-Sendung bei Jürgen Fliege, in der ich erzählt hatte, daß ich dreihundertzwölf Körbchen bei
siebzig Mitarbeitern einer Firma in Reutlingen elimi-

niert hatte, da sie nicht mehr benötigt wurden, rief
mich ein Mann an und wollte wissen, ob die Körbchen
zur Verfügung stünden. Ja! Er holte sie ab und ver-
schmolz mit ihnen.

Eine andere Körbchenorgie in Niederolm endete damit, daß ich in zwei Tagen fünfzehn Mitarbeitern dieser Firma hundertzweiundsechzig bunte Körbchen aus
den Bürorippen leierte. Der Chef des Hauses ver-
schenkte sie an ein Büro der Bundeswehr in Koblenz.
Divers! Nie mehr nichts finden. Ich hoffe, ich muß
dort nicht auch noch aufräumen. Obwohl, die Bundeswehr aufräumen? Da wäre ich vielleicht auf Jahre aus-
gebucht.

Ortswechsel. Die Gegend um Magdeburg. Mein Vortrag war angesagt für die nächsten zehn Mitarbeiter einer Firma, die Straßenbeläge mischt. Ich hatte einen
roten Hosenanzug an und muß wie ein Feuermelder
ausgesehen haben. Die Männer saßen alle mit ver-
schränkten Armen am Tisch, ihre blauen Helme vor
sich, wortlos, reglos.

Ich redete mir einen Wolf, flocht heitere Sentenzen
ein, guckte jeden echoheischend an, nichts. Der reine
Beton. Zum Schluß wurde nicht wie sonst anerken-
nend auf den Tisch geklopft. Ich ging zur Tür und
spürte, was sie dachten. Und ich hatte eine ganze Woche vor mir mit dieser Gruppe. Ich überlegte, was ich
sagen müßte, um sie aufzutauen. Zum Glück fiel mir

an der Tür ein schöner Satz ein. Ich drehte mich um und meinte:»Wenn Sie das noch mal hinter mir denken, ja, ich habe Sie denken gehört, gibt's einen Satz rote Ohren.«

Antwortete doch einer spontan:»Ich habe überhaupt nichts gedacht.«

Noch schlimmer. Am nächsten Morgen kam ich wie immer mit dem Taxi und hatte eine Kiste Bier dabei. Die Geschäftsleitung sah uns um neun Uhr unten auf dem Hof stehen, jeder eine Flasche in der Hand, ich mitten drin, auch Bier in der Hand, das wir dann gemeinsam schlotzten.

Ich trinke ganz selten Bier, und wenn, auf keinen Fall in der Frühe. Aber hier galten andere Regeln. Es hat geklappt, sie haben mir die Schleppe getragen. Sie haben richtig mitgemacht, es gab eine freundliche Zusammenarbeit, bei der ich sehr viel Neues über die frühere DDR erfuhr. Wir haben es geschafft, in einer Woche die Büros der Gruppe komplett zu sanieren.

Oberwil, Schweiz, bei den Barmherzigen Brüdern. Ich halte den Vortrag wie immer vor der Aufräumaktion. Ich komme an die Stelle, in der die Archivierung besprochen wird. Aufbewahrungsfristen müssen auf jeden Ordner, der ins Archiv wandert. Ich sage das immer so:»Jeder Ordner bekommt ein Kreuz (wie das Zeichen Christi) und die Jahreszahl, wann der Ordner geschnetzelt werden darf.«

Bruder Konrad in Kutte mit Seil um den Bauch erhebt sich und sagt:»Liebes Kind, wir können auf den Ordner nicht das Zeichen Christi zeichnen.«

Ich:»Wieso? Im Namen Christi wurde doch schon immer geschnetzelt: Hexen, Inquisition, Kreuzzüge, Las Casas.«

Frech, gell? Aber in der später erscheinenden Gazette stand als Überschrift:»Die Apostelin der Ordnung.« Und Bruder Konrad, zu mir befragt, äußerte sich wohlwollend über A-P-DOK®, über mich ließ er verlauten: »Frau Stork ist sehr speziell.« Was immer das in der Schweiz heißen soll.

Frankfurt. Ich wurde in eine Firma gerufen, um einen einzigen Mitarbeiter neu zu sortieren. Dabei nahm man billigend in Kauf, daß die sechzehn Mitarbeiter der Gruppe mit aufgeräumt werden mußten. Nach dem zweiten Tag saß dort auf dem Stuhl des Mitarbeiters, um den es eigentlich ging, nicht er, sondern Bärchen, seine Ehefrau: So könne ich nicht mit ihrem Mann umgehen. Der Rest wurde zur Chefsache und blieb trotzdem friedlich. So ein Schreck.

Prügel hätte es auch einmal beinahe gegeben. Eine geplagte Schreinersfrau rief mich nach der Sendung bei Schreinemakers an, ob ich kommen könne für einen Tag, wenn ihr Mann nicht da sei. Ich sagte zu, und wir arbeiteten den ganzen Tag am A-P-DOK®. Der Gatte sollte eigentlich um zwanzig Uhr von der Arbeit heimkommen. Doch er stand bereits um siebzehn Uhr mächtig in der Tür. Ich saß gerade an *seinem* Schreibtisch. Er fragte:»Ei, was mache Sie dann da?«

Ich mutig:»Ich räume das Büro auf.«

Hinter ihm rang die Gattin die Hände und stürzte die Treppe nach oben.

»Isch mach Fenstern und Diern und hölzerne Treppe und Sie mache an meim Schreiwtisch errum. Krieje Sie dadefier aach noch Geld? Ei ich haach (haue) Sie zur Dier ennaus!«

Ich quetschte mich an ihm vorbei und rannte, um keine blauen Flecken oder ein Veilchen verpaßt zu bekommen. Zur Abnahme bin ich nicht hingegangen. Das ist wohl in Ordnung.

Dergleichen passiert aber selten. Ordnung schaffen kann nämlich viel Spaß machen. Es gibt kaum Rückfälle, meine Kunden bleiben dabei. Die Abnahme nach einem halben Jahr zeigt das auf. Zum Abschluß feiern wir das Gelingen bei einem Ordnungsfest mit einem opulenten italienischen Picknick. Dazu steuern bei:

Administration	– Brot und Beigaben
Projekt	– Schinken, Salami, Mortadella, Pecorino, Grana Padano, Oliven, Obst, Tomaten
Dokumentation	– Wasser und Wein

Danach komme ich unverhofft immer mal wieder, was zu lustigen und hektischen Reaktionen führt. Wenn ich per Handy anfrage:»Kann ich Sie besuchen?«, erhalte ich zur Antwort:»Ja, kommen Sie in drei Tagen wieder.«

Ich sage dann:»Nein, ich stehe vor Ihrer Tür, ich will rein.«

Dann geht's da zu wie in einem Bienenstock, weil sie meinen, ich bin das Insekt, das sie sticht.

Auch für Privatfinanzen läßt sich meine Methode prima nutzen. So rief mich beispielsweise ein Rentnerpärchen, damit ich ihnen helfe, ihre Immobilienunterlagen zu sortieren. Wir brauchten zwei Tage dazu und dabei kam heraus, daß der Gatte vor langer Zeit einige Gelder unbemerkt abgezweigt hatte. Ein Streit entbrannte, wobei der Gatte seine Gattin beschimpfte, sie aber gleichzeitig Mäuschen und Katerchen nannte. Als er dann mit den zwei Terriern Bonny und Clyde Gassi ging, schimpfte wiederum sie und erklärte mir: »Wenn Gäste da sind, sind es kleine Tiere. Aber wenn Sie fort sind, werden daraus große Tiere.«

Ein Dauerstreit, für den ich nichts konnte. Das passiert natürlich. Die Methode kam dennoch zum Tragen.

Auch eine Wissenschaftlerin hat sich mit mir an ihre Unordnung herangewagt. Als ich auf den Regalen verschiedene Kästchen arglos herunternahm, stellte sich heraus, daß sich darin tropische Gifte befanden. Den

Standort haben wir geändert und statt dessen Ordner ins Regal gestellt, alphabetisch und nach A-P-DOK® sortiert.

Ich bin mittlerweile zu einem beliebten Geburtstagsgeschenk geworden. Ich erscheine dann mit großer roter Papierschleife unter dem Kinn. Ehefrauen schenken ihren desolaten Gatten einen Tag Ordnung für das heimische Büro. Meistens findet das an Samstagen statt. Oft glauben die so teuer Beschenkten nicht an dieses Geschenk, so unmöglich erscheint es ihnen. Aber dann geht's zur Sache mit der Ordnung. Einmal sagte doch einer, als ich erklärte, ich sei sein Geburtstagsgeschenk: »Die ganze Frau?«

Nein, nein, nur die Ordnung.

Meistens fängt das Geburtstagsaufräumen langsam an. Ich darf nämlich oft nicht sofort in das private Büro. Da wird erzählt, daß man total überlastet sei, keine Zeit habe. Es wird erst mal ein Tee gekocht und viel gefragt. Da ich aber noch am gleichen Tag zurückfahren will, ist der Moment, wo ich unweigerlich in das häusliche Büro einfalle, nicht aufzuschieben. Wenn Kinder im Haus sind, machen sie gleich mit und stellen ihre Obelixe und Asterixe sortiert in die Stehsammler. Diese vergnüglichen Aktionen sind nachhaltig wirksam. Oft entwickeln sich daraus Freundschaften oder bekanntschaftliche Beziehungen.

Aber das ist ein Geschäftszweig, der noch nicht so

recht blüht, die Methode A-P-DOK® für Haus und Hof. Ein Haus, eine Wohnung nach wirtschaftlichen und funktionalen Punkten neu zu gestalten und aufzuräumen, ist in Deutschland als Geschäftszweig noch kaum erschlossen. Es ist das gleiche Thema, ein Haus vom Keller bis zum Boden zu entschlacken und den Wohnraum zu kultivieren oder eine Küche funktionsgerecht einzuräumen. Damit ist nicht das Putzen gemeint.

Ich habe schon drei Häuser auf diese Weise neu strukturiert. Dazu ist ein längerer Aufenthalt dort nötig. Man ist für zwei oder drei Tage Mitglied der Familie und nimmt an fast allem teil. Dabei begegnet man durchaus skurrilen Typen: So dem Nudelsammler, der im ganzen Haus Nudeln stapelt, weil er behauptet: Wasser gibt's immer, Nudeln kann man in Kriegszeiten immer irgendwo kochen, man braucht nur einen Topf.

Da wurde die Küche entschlackt, uralte Maggitüten, vertrocknetes Ketchup und längst abgelaufene Produkte entsorgt und alles funktional wieder eingeräumt. Auch der Schuhkeller wurde neu geordnet in Herbst, Winter und Sport. Die Ankleide wird neu ausgerichtet. Alle Herrensocken kommen in eine Schublade und nicht zu den Büstenhaltern und Damenstrümpfen.

Der psychologisch richtige Umgang mit den Eigentümern ist dabei von großer Bedeutung. Alle Aktionen haben im Einklang und mit Einverständnis der

Hausbesitzer zu geschehen. Ich lege auch bei solchen Privataufträgen hinterher ein Protokoll vor, damit man dann systematisch alle neuen Strukturwünsche umsetzen kann.

In Amerika gibt es diesen Berufszweig längst, in Deutschland und in der Schweiz oder überhaupt in Europa tut man sich schwer damit. Wenn ich dazu in der Schweiz und in Deutschland Frauen befrage, bekomme ich stets die gleichen entrüsteten Antworten: »Eine Frau muß doch wissen, wie ein Haushalt abläuft, da läßt man sich doch von einer Fremden nicht reinreden.«

Aus Erfahrung weiß ich, daß viele Frauen und Männer nicht wissen, wie Hauswirtschaft funktioniert, wie mit dem Geld umgegangen werden muß. Im Privatbereich gibt es die gleichen desolaten Plätze wie im Büro. Nicht zu vergessen die Welt der Messies, für die es inzwischen Selbsthilfegruppen gibt. Aber bei denen geht die Unordnung tiefer. Ich werde oft deswegen frequentiert. Aber für diesen Bereich bin ich nicht ausgebildet.

A-P-DOK® für Haus und Hof, das ist noch zu besetzen. Es ist eine schwierige Arbeit, da es hier nicht allein ums Aufräumen geht, es ist die private Welt, die oft auf den Kopf gestellt werden muß. Das sind sensible Bereiche. Dafür braucht es Toleranz, aber auch eine gewisse Risikobereitschaft. Einfühlungsvermögen und Diplomatie sind ebenfalls unabdingbar. Kenntnisse über Kunst, Stilfragen und Design sind erforderlich. Außerdem ist eine tiefe Einsicht in die bürgerlichen Bedürfnisse Voraussetzung. Vielleicht muß man ja auch mal ein Bild an einen anderen Platz hängen, ohne daß die Persönlichkeitsstrukturen des Hausherrn angegriffen werden. Ein Balanceakt!

Da ich mich auf die Bürowelt kapriziert habe, fehlt mir die Zeit dafür, einen weiteren »Laden« aufzumachen.

Die Stärke meiner Idee erweist sich darin, daß die Methode in allen Branchen, wirklich in allen Branchen anwendbar ist, da der kaufmännische Akt weltweit gleich abgehandelt wird. Jedes Papier, das per Post in die Firma kommt, durchläuft einen immer gleichen Weg und verendet immer im Archiv mit festnotierten und wichtigen Aufbewahrungsfristen. Und die Steuer ist immer dabei. Das ist überall so. Demzufolge brauche ich mich nicht in Firmen »einzulesen«, da das Prinzip der Abwicklung überall gleich ist.

Mancher Verkaufsleiter fragt mich fast empört, ob ich mich denn gar nicht für ihr Produkt interessiere. Selbstverständlich will ich wissen, was in jedem Haus produziert wird, aber ich brauche diese Details nicht, um zu erfahren, wie der Papierlauf zur Zeit an einem Platz abgewickelt wird. Ich werde ja gerufen, um die Papierfluten zu kanalisieren. Und das bedeutet, daß mich jede Einzelperson, jede kleine Firma, jeder Handwerksbetrieb bis zum Konzern einkaufen kann.

Triumph der Tat

Fortissimo — *sehr stark, sehr laut*

Was ein Mensch leistet, das macht ihn aus. Danach wird man bewertet. Arbeit und Geld sind engstens miteinander verwoben. Es gibt aber Menschen, die es nicht zu Geld gebracht haben und trotzdem etwas wert sind.

Ich habe mein Berufsleben ganz normal angefangen. Und dabei immer neben der Arbeit die anderen Werte aus Kunst und Kultur gesucht. Ich habe schnell gemerkt, daß es noch viele andere Bereiche gibt, die ohne Zwang zu erforschen sich lohnt. Ich bin deshalb stets auf der Suche. Man stolpert dabei nicht nur über die Schönheiten des Lebens, sondern gerät auch in Schwierigkeiten. Durch eine solche Niederlage bin ich ganz jäh aufgewacht.

Nach meinem Konkurs konnte ich nicht mehr mit dem Strom schwimmen. Ich hatte meine Schwimmweste eindeutig durch mein Verschulden verloren. Den Charakter des Kompagnons konnte ich vorher nicht testen, vielleicht hatte er auch gar keinen.

Ich habe heftig bezahlt. Wie erhebt man sich wieder? Wirkliche Hilfe war nicht zu erwarten. Wie wehrt man sich? Wo kommen die Kräfte her, wieder aufzustehen? Ich weiß heute, woran es lag, daß ich wieder aufstand: Mein ungebrochenes Selbstbewußtsein, denn ich wußte immer, was und wer ich bin, mit oder ohne Federn, mit oder ohne Geld. Daß die Gesellschaft ihren Tribut fordert, habe ich bereits gelernt. Daß ich auf Mitmenschlichkeit angewiesen bin, ist selbstverständlich. Daß meine Mitmenschen auf mich angewiesen sind, ist mittlerweile auch klar. Wo sonst sollten sie sich ihre Ordnung kaufen? Wer sollte sie aufräumen, wer sollte in der Toskana das Tal mit Gesang beschallen? Übertrieben?

Was mich antrieb, habe ich bereits breit dargestellt. Etwas Wichtiges gehört noch dazu: Mein schier unerschöpflicher Ideenreichtum und die Fähigkeit, Ideen auch umzusetzen.

Eine meiner Lieblingsideen ist, einen kleinen Laden, natürlich am liebsten auf der Zeil in Frankfurt, ja klar, wo denn sonst, einzurichten, wo man Fantasie kaufen kann. Mir schwebt ein schwarz ausgeschlagener Raum vor. Alle Möbel in Gold gestrichen, an einer Wand eine italienische Kaffeemaschine, Barockmusik im Hintergrund, das Hinterzimmer für die Administration, ein Lager mit Dekorationsmaterialien, billig außerhalb der Stadt gemietet, mit einer kleinen Werkstatt und einem Lieferwagen.

Meine Kunden, so stelle ich mir vor, sind Leute, die ein Fest ausrichten wollen mit origineller Prägung oder einen Überraschungsklops brauchen für einen Geburtstag. Die Palette läßt sich unendlich erweitern. Es gab sogar schon einen Dekorateur höchster Qualität aus Zürich aus der Gruppe der Teuscher Schokoladendekorateure, unter Snobs durchaus bekannt. Er verschwand aber irgendwo und ward nicht mehr gesehen.

Das mache ich vielleicht später. Momentan bin ich mit A-P-DOK® völlig ausgelastet. Meine zahllosen Medienauftritte haben die Nachfrage nach meinen Diensten sehr gesteigert. Nach wie vor erhalte ich unzählige Briefe von interessierten Frauen, die aufräumen wollen. Sie verstehen nicht, daß mit Aufräumen nicht das Putzen gemeint ist.

Einige Frauen wollten das Produkt verändern, es ihren Bedürfnissen anpassen. Aber es ist nicht irgendein Job, deshalb verweigere ich stets, mein Produkt abzugeben oder verändern zu lassen. Das erschreckt natürlich oder ruft Verwunderung hervor. Aber probieren Sie mal, McDonald's zu verändern. Da gibt's sofort was auf die Mütze.

Eine Dame konnte das gar nicht fassen, sie meinte: »Sie sind ja richtig machthungrig, Sie sind eine Egoistin und lassen nur sich selbst gelten.«

Möglicherweise bin ich aus dem Alter heraus, wo

man Geschenke dieser Art macht. Mir fällt dazu nur das
Wort Trittbrettfahrer ein. Ich werde oft nach meiner Konkurrenz gefragt und
ob ich Angst davor hätte. Es gibt sicher Nachahmer, einen Teil davon kenne ich. Da muß halt eine Verwarnung
her und eine Unterlassungsklage angedroht werden.
Und außerdem kann ich nicht ganz Europa aufräumen.
Freche Diebe gibt's immer, aber ich bin den »Räubern« um Jahre voraus und habe den großen Schatz
der Publizität. Mich einzuholen ist schwierig. Manche
fragen mich, ob ich sie beim Fernsehen vermitteln
könnte. Kann ich nicht. Aber die Menschen beneiden
mich darum, denn bis heute habe ich noch nie einen
Werbeetat gebraucht.

Es ist ein richtiger Frauenberuf. Männer haben sich
bei mir mutig beworben, Studienabgänger, Ingenieure
und Kaufleute. Ich habe ihre Akzeptanz getestet. Es
funktioniert nicht. Ein Mann im Anzug räumt einen
Mann im Anzug nicht auf. Sie bekommen weder von
weiblichen noch von männlichen Mitarbeitern die Anerkennung, die nötig ist. Frauen sind nun einmal zuständig für die Ordnung, das ist ein alter Topos. Eine
Sekretärin meinte einmal: »Ich lasse mir doch von einem Mann nicht in die Schubladen gucken!«

Bin ja so froh, daß sie mich dran läßt.

Tutti — alle

Erfolg macht erotisch, macht sexy? Wer das erst durch Erfolg wird, war folglich vorher unerotisch?! Ich lege das jetzt nicht auf die Waage. Aber Erfolg macht einen anderen Tritt, läßt einen anders auftreten. Ich strahle Selbstsicherheit aus, wenn ich in die Firmen komme. Ich weiß, daß die Arbeit dort gelingen wird, auch wenn meine Kunden noch zweifeln. Ein weiterer wichtiger Begleiter ist mein Humor. Es wird mit Spaß und Energie aufgeräumt, Kultur in die Büros gebracht. Das heißt nicht, daß die Arbeit leicht ist. So ein halbes Hundert Menschen in einer Woche »umzutopfen« ist eine ungeheure Anstrengung, denn es muß klappen. Mit strenger Disziplin ziehe ich die Aufgabe gegen jeden Widerspruch durch. Selbst wenn es anstrengend ist, lasse ich mir das nie anmerken. So kann der geplagte Kunde mir zurufen: »Mit Ihnen macht Ordnung schaffen ja Spaß.«

Und dann, jedesmal, wenn die Arbeit erfolgreich abgeschlossen ist und ich das Haus verlasse, können Sie mich sehen, wie ich mit dem Rücken zum Firmentor stehen bleibe und laut zu mir sage: »Warst Du gut heute?«

Wenn mein Bauch mir mit einem klaren JA antwortet, dann können Sie mich dabei ertappen, wie ich in

einen Laden gehe, in Zürich oder sonstwo, und mir etwas kaufe: einen schönen, großen Ring, einen guten
Stoff oder das fünfundvierzigste Paar Schuhe. Da ist
schon einiges zusammengekommen. Ordnung bringen macht Spaß. Und die Bescherung hinterher auch.

Solistin

Fortepiano — stark und sofort wieder leise

Jeder Mensch hat einen eigenen Willen. Auch ich habe
einen Willen. Das reicht noch nicht zur Solistin. Aber
ich habe im Laufe meines Lebens einen Hang zum Al-
leinsein entwickelt, nicht zu verwechseln mit dem Ein-
samsein. Das war ich nie.

Meine Niederlage hat mein Solistentum auf eine
perfide Weise gefördert und mich stark gemacht.
Schwäche durch Stärke kompensieren nennt man das.
Außerdem habe ich einen reichen Schatz in meinem
Gepäck: eine nicht geringe Anzahl von Talenten.

Ich kann zeichnen, mit Tusche, und wunderbare
Postkarten schnitzen.

Einmal wollte ich wissen, ob ich töpfern kann. Ich
suchte mir eine Töpferin und besuchte ihren Kurs. Sie
zeigte mir, wie man den Ton vorbereiten muß. Ich fing
dann an, Figuren zu gestalten aus einem großen Klum-
pen am Stück. Es entstanden mythische Frauen mit Fi-
schen auf den Köpfen, tropfende, aus dem Wasser stei-

gende Frauen, Masken als Wasserspeier. Fast alle Figuren waren blau glasiert. Keine der weiblichen Figuren ist mir beim Brennen geplatzt. Aber der einzige schöne Mann, als Gänsehüter gestaltet, platzte im Ofen in tausend Teile. Ich habe nie mehr einen Mann zu formen versucht. Weder in Ton noch im Leben.

Meine drei Ausstellungen erzielten gute Verkaufsergebnisse. Leben wollte ich davon aber nicht.

Bücher schreiben, noch ein Talent? Ich hocke jetzt am dritten Buch und halte mich dennoch nicht für eine Autorin. Aber schreiben, Briefe schreiben, mit Füller und blauer Tinte, ist mir ein Vergnügen.

Meine Wohnung ist voller Bücher. Ich bin eine Leseratte, wobei mich das Lesen zwar bildet, aber nicht unbedingt schützt. Trotz des ganzen Wissens segelt man immer wieder in die schwierigsten Lebenswirren.

Einmal im Jahr fliehe ich in die schöne Toskana. Jedesmal suche ich mir für meine vier Wochen Urlaub ein Thema aus: Ich besuche Michelangelo in Caprese oder Leonardo da Vinci. Ich suche italienische Gärten. Mein schönstes Fundstück ist der Spoerri-Garten von Seggiano. Er ist so groß, daß man vier Stunden dafür benötigt, alle Stelen und die mythischen surrealen Plätze zu besuchen. Ich sitze dort gern stundenlang an meinem Lieblingsplatz, der höchsten Stelle mit neun einhornähnlichen Skulpturen, die in einem Kreis angeordnet sind, und schaue in die majestätische Landschaft und fühle meine Seele.

Allerdings sollte man dabei, besonders wenn man so rothaarig ist wie ich, unbedingt einen Hut aufsetzen. Sonst wird man zum Krebs. So finde ich jedes Jahr neue innere und äußere Zufluchtstätten voller Kunst und Schönheit.

Viva la musica — es lebe die Musik

Nach zehn Jahren ohne Luft gewann ich meine Stimme wieder zurück. Der Vogel mit unverbrauchter Stimme singt wieder, nicht erst recht oder zum Trotz, sondern aus reiner Lust am Singen, an der Musik.

Ich singe jetzt wieder regelmäßig und werde es nie mehr aufgeben. Das Gefühl, den Mund aufzumachen und Töne strömen zu lassen, ist wunderbar. Meine Zuhörer sagen, ich hätte beim Singen immer ein glückliches Gesicht.

Selbst nach zehn Jahren ist der A-P-DOK[®]-Teenie noch ausbaufähig. 2003 läuft das TTT-Programm an, das es mir ermöglicht, durch ausgebildete Inhouse-Seminarleiterinnen A-P-DOK[®] für mehr als fünfhundert Mitarbeiter kostengünstig einzusetzen. Nach dieser

langen Zeit ist das Angebot wirklich gewachsen:
A-P-DOK$^®$ für Papier
A-P-DOK$^®$ für den PC
A-P-DOK$^®$ als Zertifizierung
A-P-DOK$^®$-Referate
A-P-DOK$^®$-Workshops
A-P-DOK$^®$ TTT Train the Trainer
A-P-DOK$^®$ in Haus und Hof (bereits erprobt, aber
noch ungeboren)

Das alles betrifft das weite Feld der Ordnung. Das andere Feld ist das Musizieren in der Kirche oder anderswo, Auftritte im Kabarett. Einen Regisseur gibt es schon. Illusionen, so sie da sind, leiste ich mir.

Ich führe ein Leben als beteiligter Mensch. Ich kann mich nicht zerreißen und überall mitmischen. Aber ich folge meinen Neigungen, und derer habe ich viele, und dazu noch ein paar nicht ganz unumstrittene Eigenschaften: die Neugier, die Fantasie und eine wilde energische Motorik.

Das kreative Chaos dürfen alle klugen und unklugen Menschen behalten, die Unordnung können sie sich abschminken. Es ist die Balance zwischen beiden Polen, die uns Ruhe und Qualität verschafft in der Bürowelt, privat zu Hause und in uns selbst tief innen.

»Provokationen mit Esprit«

stellenlinks.ch

Judith Mair
Schluss mit lustig!
Warum Leistung und Disziplin
mehr bringen als emotionale Intelligenz,
Teamgeist und Soft Skills
184 Seiten · geb. mit SU
€ 16,90 (D) · sFr 31,–
ISBN 3-8218-3962-7

Emotionale Intelligenz, Flexibilität und der »Spaßfaktor Arbeit«
sind die Lügen einer modernen Unternehmenskultur. Denn was
soll damit gemeint sein? Arbeit macht eigentlich keinen Spaß,
flexible Arbeitszeiten bedeuten Überstunden bis spät in die
Nacht, Eigenverantwortung heißt in der Realität Selbstausbeu-
tung. Judith Mair plädiert für Leistung, klare Hierarchien und
Fachkompetenz.

»Erwartet hätte man eine Polemik. Statt dessen erweist sich
Judith Mair als nüchterne wie genaue Beobachterin, die sehr
geradlinig argumentieren kann.« *Berliner Morgenpost*

 Eichborn.

Kaiserstraße 66
60329 Frankfurt
Telefon: 069 / 25 60 03-0
Fax: 069 / 25 60 03-30
www.eichborn.de
Wir schicken Ihnen gern ein Verlagsverzeichnis.

Nur wer zu leben weiß, kann auch erfolgreich arbeiten

Hannelore Fritz
Besser leben mit Work-Life-Balance
Wie Sie Karriere,
Freizeit und Familie in Einklang bringen
208 Seiten · geb. mit SU
€ 19,90 (D) · sFr 36,–
ISBN 3-8218-3871-X

Sie haben Streß im Beruf und zu wenig Zeit für sich, Ihre Familie und Ihre Freunde? Sie sind unausgeglichen und haben ständig das Gefühl, dass Sie die wirklich spannenden Dinge verpassen? Was fehlt, ist eine Balance, die die Bedürfnisse nach Arbeit und Erfolg mit all den anderen Lebenszielen in Einklang bringt.

Die erfahrene Beraterin Hannelore Fritz vermittelt ganz konkrete Strategien, mit denen Sie es schaffen, die vier wichtigen Lebensbereiche – persönliche Werte, Arbeit und Karriere, Körper und Gesundheit, Beziehungen und Kontakte – harmonisch miteinander zu verbinden und Erfolg, Zufriedenheit und Glück aus der bewußten Verknüpfung dieser oft getrennten Welten zu erlangen.

 Eichborn.
Kaiserstraße 66
60329 Frankfurt
Telefon: 069 / 25 60 03-0
Fax: 069 / 25 60 03-30
www.eichborn.de
Wir schicken Ihnen gern ein Verlagsverzeichnis.